北方民族大学阿拉伯研究中心

"一带一路"
黄皮书 2015

主编 / 杨言洪

编者 / 杨立强　徐天鹏　张　薇

黄河出版传媒集团
宁夏人民出版社

图书在版编目(CIP)数据

"一带一路"黄皮书. 2015 / 杨言洪主编. —银川：
宁夏人民出版社, 2016.11
　　ISBN 978-7-227-06515-9

　　Ⅰ. ①一… Ⅱ. ①杨… Ⅲ. ①区域经济合作—国
际合作—研究—中国—2015　Ⅳ. ①F125.5

中国版本图书馆 CIP 数据核字(2016)第 273472 号

"一带一路"黄皮书 2015

杨言洪　主编

责任编辑	丁丽萍　闫金萍
封面设计	晨　皓
责任印制	肖　艳

 出版发行

出 版 人	王杨宝
地　　址	宁夏银川市北京东路 139 号出版大厦（750001）
网　　址	http://www.nxpph.com　　http://www.yrpubm.com
网上书店	http://shop126547358.taobao.com　http://www.hh-book.com
电子信箱	nxrmcbs@126.com　　renminshe@yrpubm.com
邮购电话	0951-5052104　5019391
经　　销	全国新华书店
印刷装订	宁夏凤鸣彩印广告有限公司
印刷委托书号	（宁)0003291

开本	787 mm × 1092 mm　1/16
印张	11.75　　字数　200 千字
版次	2016 年 11 月第 1 版
印次	2016 年 11 月第 1 次印刷
书号	ISBN 978-7-227-06515-9/F·461
定价	48.00 元

版权所有　　侵权必究

前　言

2013年习近平主席相继在哈萨克斯坦、印度尼西亚，提出"丝绸之路经济带"和"21世纪海上丝绸之路"倡议，2015年3月中国国务院授权国家发改委、外交部、商务部，联合发布了《推动共建丝绸之路经济带和21世纪海上丝绸之路的愿景与行动》，描绘出"一带一路"的基本路线图，指明了"一带一路"的共建原则和框架思路，明确了政策沟通、设施联通、贸易畅通、资金融通、民心相通的合作重点，展示了沿线国家共建互利共赢的利益共同体、命运共同体和责任共同体的美好蓝图。

"一带一路"倡议从提出到逐步实施，已获得了包括沿线国家在内的100多个国家的普遍支持和积极参与，沿线各国在政策沟通、设施联通、贸易畅通、资金融通、民心相通等领域取得了实质性的积极进展。

目前，包括俄罗斯欧亚经济联盟、蒙古"草原之路"、哈萨克斯坦"光明之路"等国家发展规划，已正式对接"一带一路"战略，中国与沿线国家正在积极推进共建中蒙俄经济走廊、中巴经济走廊、孟中印缅经济走廊、澜沧江—湄公河合作、湄公河次区域经济圈、两廊一圈等双边或多边经济圈，中国政府已与伊朗、土耳其、匈牙利、波兰、塞尔维亚、捷克、保加利亚、斯洛伐克等34个国家和国际组织，签署了共建"一带一路"合作协议或备忘录。

与此同时，以匈塞铁路、中老铁路、中泰铁路、印尼雅万高铁、莫斯科—喀山高铁为代表的铁路线网建设项目得以签署合同、拟定规划,部分项目业已陆续开工,中欧货运班列已实现常态化运行,而希腊比雷埃夫斯港股权收购、巴基斯坦瓜达尔港建设、斯里兰卡科伦坡港口城建设等海港海运基建项目也取得了重大进展。此外,一批沿线国家境内及国家间的高速公路、能源管网、电力及通信等众多基础设施建设项目正在推进。

"一带一路"沿线国家区域贸易和投资,年均增速超过全球平均水平近一倍,区域内贸易总额约占沿线国家贸易总额的四成,沿线国家吸收了全球近1/3的外资流量以及约1/5的外资存量,中国对沿线国家投资超过150亿美元,占中国对外投资流量及存量的1/10左右。

服务"一带一路"建设的融资体系的构建进展顺利,400亿美元的丝路基金与1000亿美元的亚洲基础设施投资银行先后设立,并正式启动投资"一带一路"建设项目。丝路基金2014年12月注册成立,2016年1月正式运营,目前已正式入股巴基斯坦卡洛特水电站项目、俄罗斯亚马尔液化天然气项目。亚洲基础设施投资银行于2015年2月宣布成立,2016年1月正式开业,并于6月确定了首批4个投资项目,涉及孟加拉国、巴基斯坦、印尼、塔吉克斯坦、乌兹别克斯坦5个沿线国家的电力、公路等基建领域。

中国与吉尔吉斯斯坦、哈萨克斯坦联合申报的丝绸之路文化遗产项目取得成功,海上丝绸之路联合申遗也正式启动,中国设立丝绸之路政府奖学金,与沿线国家互办文化年、艺术节,以及"丝绸之路影视桥工程"、"丝绸之路书香工程"等的实施,促使"一带一路"沿线国家间人文交流与合作取得了可喜成果,沿线国家间政治互信与民心相通得到显著促进。

"一带一路"倡议绘就的美好蓝图,通过上述五大领域不断取得的建设成果逐渐呈现在世人面前。沿线各国迥异的国情禀赋,差异巨大的经济社会发展水平,为"一带一路"沿线国家的"互补性发展"提供了良好基础。可以说,沿线国家间巨大的合作潜力,"一带一路"倡议实施以来的具体成果，以及对该倡议未来成功的憧憬和预期，都为沿线国家积极支持与参与"一带一路"倡议的实施带来巨大的推动，也为未来"一带一路"战略的不断发展奠定了坚实的基础。

《"一带一路"黄皮书2015》，在2014年黄皮书基于"一带一路"线路走向对沿线国家基本国情进行梳理的基础上，通过较为翔实的数据分析，着重探讨了沿线各国的自然禀赋、经济社会发展水平、对外贸易与资本流动，以及现有融资合作体系等现状，以期为关注"一带一路"战略实施的读者与研究人员，提供一定的参考与帮助。

需要指出的是，由于本书涉及的国家众多，难免会有错漏、谬误之处，敬请读者见谅指正。

参与本书撰写的主要作者：

杨言洪　教授，北方民族大学阿拉伯研究中心主任，对外经济贸易大学区域国别研究所所长；

杨立强　对外经济贸易大学国际经济研究院副研究员、博士；

徐天鹏　对外经济贸易大学协同创新中心助理研究员；

张　薇　对外经济贸易大学在读博士、天津外国语大学亚非语学院讲师。

对外经济贸易大学研究生陈思亮、张亦扬，也参与了本书有关章节的编写工作，在此一并表示感谢。

编　者
2016年9月

目录
CONTENTS

1 概况篇

1.1 "一带一路"沿线各国自然条件 / 4
    1.1.1 沿线各国面积、人口 / 4
    1.1.2 各国在"一带一路"所处线路 / 8
    1.1.3 沿线各国主要节点城市和港口 / 14
1.2 "一带一路"沿线各国经济和社会发展水平 / 14
    1.2.1 沿线各国 GDP、人均 GDP / 14
    1.2.2 沿线各国社会发展水平 / 17
1.3 "一带一路"沿线各国产业结构 / 26
    1.3.1 沿线各国产业结构 / 26
    1.3.2 沿线各国主要优势产业和产品 / 31
1.4 "一带一路"沿线各国营商环境 / 34

2 贸易篇

2.1 沿线各国对外贸易概况 / 41
    2.1.1 各国对外贸易概况 / 41
    2.1.2 各国出口商品结构 / 47
    2.1.3 各国进口商品结构 / 54

2.2 沿线各国贸易流向 / 60
　　2.2.1 沿线国家区域内贸易概况 / 60
　　2.2.2 区域内各国外贸依存度 / 60
　　2.2.3 区域内各国与中国的双边贸易 / 63
2.3 沿线国家优势出口产业 / 64
　　2.3.1 显示性比较优势指数测算 / 64
　　2.3.2 区域内重点贸易商品分析 / 70
2.4 沿线国家关税水平比较 / 75
　　2.4.1 整体关税水平比较 / 75
　　2.4.2 前10位货物进口国关税水平分析 / 76
2.5 沿线国家服务贸易发展 / 77
　　2.5.1 沿线国家服务贸易出口概况 / 77
　　2.5.2 沿线国家服务贸易进口概况 / 79

3　投资篇

3.1 沿线国家跨境资本流动概况 / 85
　　3.1.1 吸收外资 / 85
　　3.1.2 对外投资 / 93
3.2 中国对沿线国家的海外直接投资 / 99
　　3.2.1 中国对沿线国家的海外直接投资流量分析 / 99
　　3.2.2 中国对沿线国家的海外直接投资存量分析 / 99
　　3.2.3 中国对沿线国家的海外直接投资国别分布 / 100
3.3 沿线国家投资环境分析 / 103
　　3.3.1 沿线国家国别风险分析 / 103
　　3.3.2 投资法规政策 / 103
　　3.3.3 沿线国家投资环境整体评估 / 104

4 合作篇

4.1 亚洲基础设施投资银行 / 109

4.2 丝路基金 / 111

4.3 其他国际金融机构 / 112

附录

附表 1　丝绸之路经济带沿线各国 146 个主要城市 / 116

附表 2　21 世纪海上丝绸之路沿线各国 131 个主要港口 / 120

附表 3　2014 年"一带一路"沿线国家基本概况和宏观经济指标 / 122

附表 4　2014 年"一带一路"沿线国家贸易概况 / 126

附表 5　"一带一路"沿线国家前五大出口目的地及份额 / 128

附表 6　"一带一路"沿线国家前五大进口来源地及份额 / 137

附表 7　"一带一路"沿线国家前五大出口产品和显示性比较优势指数 / 146

附表 8　"一带一路"沿线国家前五大进口产品概况 / 155

附表 9　2013 年"一带一路"沿线国家关税水平 / 164

附表 10　2013 年"一带一路"沿线国家服务贸易概况 / 168

附表 11　2013 年"一带一路"沿线国家旅游概况 / 172

附表 12　2014 年"一带一路"沿线国家跨境资本流动概况 / 174

1 概况篇

2015年3月，中华人民共和国国务院授权国家发改委、外交部、商务部联合发布了《推动共建丝绸之路经济带和21世纪海上丝绸之路的愿景与行动》①，明确了"丝绸之路经济带重点畅通中国经中亚、俄罗斯至欧洲（波罗的海）；中国经中亚、西亚至波斯湾、地中海；中国至东南亚、南亚、印度洋。21世纪海上丝绸之路重点方向是从中国沿海港口过南海到印度洋，延伸至欧洲；从中国沿海港口过南海到南太平洋。"

依照上述"一带一路"的战略走向，结合现有亚欧大陆桥、海运航线及互联互通拟议建设的线路规划，"一带一路"沿线主要涉及65个国家，分布于东北亚、东南亚、南亚、中亚、西亚、北非、中东欧的广大地区，其中亚洲国家44个②，非洲国家1个，欧洲国家20个。

表1.1 "一带一路"沿线国家及其分布

区域名称	国家名称
东北亚	中国、蒙古
东南亚	新加坡、泰国、越南、马来西亚、印度尼西亚、柬埔寨、菲律宾、缅甸、老挝、文莱、东帝汶
南亚	孟加拉、印度、斯里兰卡、马尔代夫、巴基斯坦、尼泊尔、不丹
中亚	哈萨克斯坦、吉尔吉斯斯坦、土库曼斯坦、乌兹别克斯坦、塔吉克斯坦
西亚	阿富汗、伊朗、以色列、土耳其、卡塔尔、也门、沙特、阿联酋、阿曼、科威特、伊拉克、约旦、黎巴嫩、巴林、叙利亚、巴勒斯坦、阿塞拜疆、亚美尼亚、格鲁吉亚
北非	埃及
中东欧	波兰、捷克、保加利亚、匈牙利、塞尔维亚、罗马尼亚、斯洛伐克、拉脱维亚、立陶宛、斯洛文尼亚、爱沙尼亚、克罗地亚、阿尔巴尼亚、马其顿、波黑、黑山、乌克兰、俄罗斯、白俄罗斯、摩尔多瓦

注：关于阿富汗的地区归属，有西亚、中亚和南亚三种说法，本文取常见的西亚说；阿塞拜疆、格鲁吉亚、亚美尼亚3国按地区归属为西亚国家。

①下文简称《愿景与行动》。
②其中包括东北亚2国，东南亚11国，南亚7国，中亚5国，西亚19国。

"一带一路"将联通活跃的东亚经济圈、发达的欧洲经济圈和位于其间的广大腹地国家,沿线各国在自然禀赋、经济和社会发展水平等诸多基本国情方面差异显著,这为"一带一路"国家之间开展优势互补、互利共赢的经济合作,不同文明、文化之间交流互鉴,推动打造政治互信、经济融合、文化包容的利益共同体、命运共同体和责任共同体,提供了必要的前提条件,蕴藏着巨大的合作潜力。

1.1 "一带一路"沿线各国自然条件

1.1.1 沿线各国面积、人口

"一带一路"沿线国家横跨亚、欧、非三大洲,从东北亚、东南亚延伸到中亚、南亚和西亚,直至中东欧和北非地区,幅员辽阔,人口密集,资源储量和发展空间巨大。

根据世界银行 WDI 数据,"一带一路"沿线 65 个国家的国土总面积[①]达到 5161.91 万平方公里,占全世界国土总面积 13432.53 万平方公里的 38.43%(如图 1.1)。

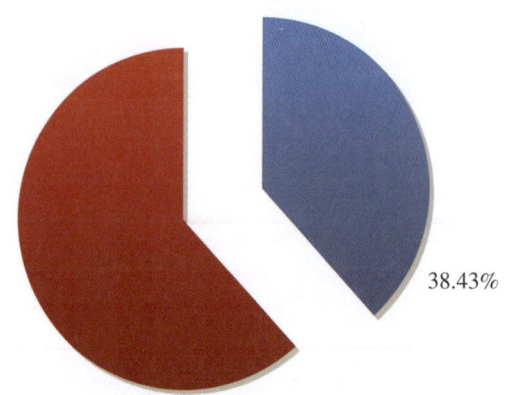

图 1.1 "一带一路"沿线国家国土面积占世界的比例(2014 年)

资料来源:世界银行 WDI 数据库。

[①] 根据世界银行 WDI 数据库的有关定义,国土面积包括内陆水体和边海的水域面积。

如图 1.2、图 1.3 所示，沿线国家国土面积差异巨大，国土面积较小的国家主要集中在中东欧和西亚地区。其中，国土面积超过 100 万平方公里的国家有 9 个，依次为俄罗斯、中国[①]、印度、哈萨克斯坦、沙特、印度尼西亚、伊朗、蒙古、埃及，国土面积合计约为 4104.47 万平方公里，占 65 国总面积的 79.51%，国土面积最大的国家俄罗斯，面积高达 1709.83 万平方公里；不足 10 万平方公里的国家有 31 个，包括 11 个西亚国家，14 个中东欧国家，合计仅约 126.79 万平方公里，占 65 国总面积的 2.46%，其中巴林、新加坡、马尔代夫国土面积均小于 800 平方公里，国土面积最小的马尔代夫仅为 300 平方公里，仅为俄罗斯国土面积的零头；介于 10 万至 100 万平方公里之间的其余 25 国，国土面积合计约为 930.66 万平方公里，其中 50 万平方公里以上的国家 7 个。

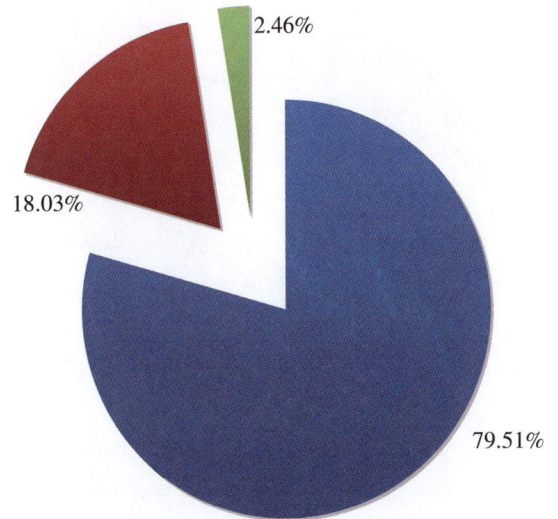

图 1.2 "一带一路"沿线国家国土面积总量的结构（2014 年）（万平方公里）

资料来源：世界银行 WDI 数据库。

根据世界银行 WDI 数据，2014 年"一带一路"沿线 65 个国家人口规模约为 45.21 亿人，占世界总人口 72.61 亿人的 62.27%（如图 1.4）。

[①] 由于世界银行 WDI 数据库按照经济体为单位进行统计，故该数据不包含中国台湾、中国香港及中国澳门的相关数据。

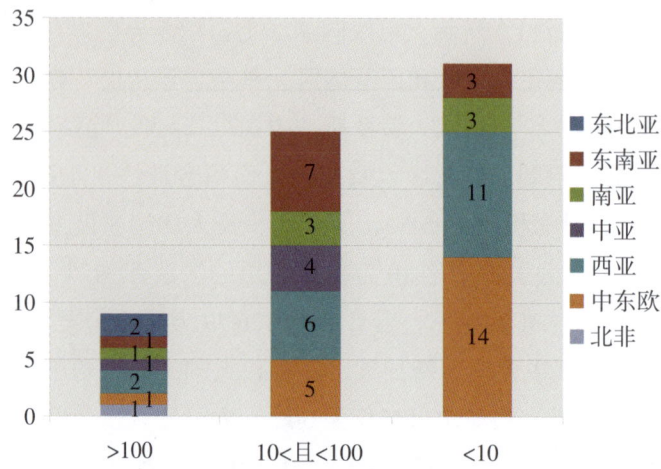

图1.3 "一带一路"沿线国家国土面积的地区分布(2014年)(万平方公里)

资料来源:世界银行WDI数据库。

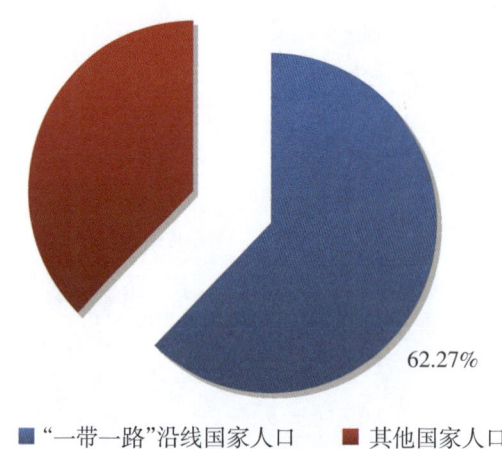

图1.4 "一带一路"沿线国家人口占世界的比例(2014年)

资料来源:世界银行WDI数据库。

如图1.5、图1.6所示,沿线国家之间人口相差也极大,人口较多的国家主要集中在东亚、南亚地区,人口较少的国家则同样集中在中东欧和西亚地区。其中,人口超过1亿人的国家依次为中国、印度、印度尼西亚、巴基斯坦、孟加拉国和俄罗斯6国,人口合计约为34.02亿人,占65国总人口的75.25%,人口数量最多的中国和印度,人口数量分别达13.64亿[①]

---

① 由于世界银行WDI数据库按照经济体为单位进行统计,故该数据不包含中国台湾、中国香港及中国澳门的相关数据。

和12.95亿，合计占65国总人口的58.84%；人口少于1000万人的国家有37个，包括12个西亚国家、15个中东欧国家，人口合计约为1.63亿人，仅略多于孟加拉国一国人口1.59亿人，占65国总人口的3.61%，其中不丹、黑山、文莱、马尔代夫均低于80万人，人口最少的马尔代夫仅40万人；人口数量介于1000万至1亿人之间的其他22个国家，合计约有9.56亿人，尚比印度一国少3.39亿人。

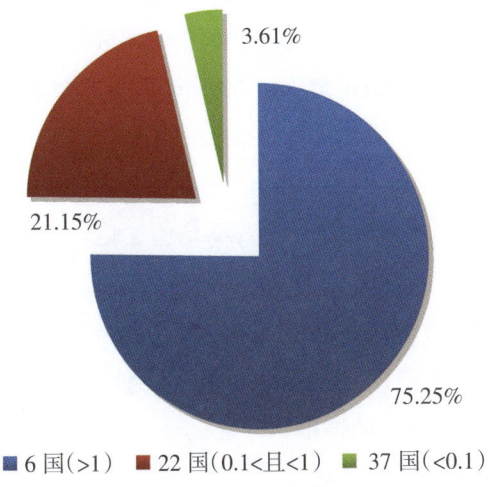

图1.5 "一带一路"沿线国家人口总量的结构（2014年）（亿人）

资料来源：世界银行WDI数据库。

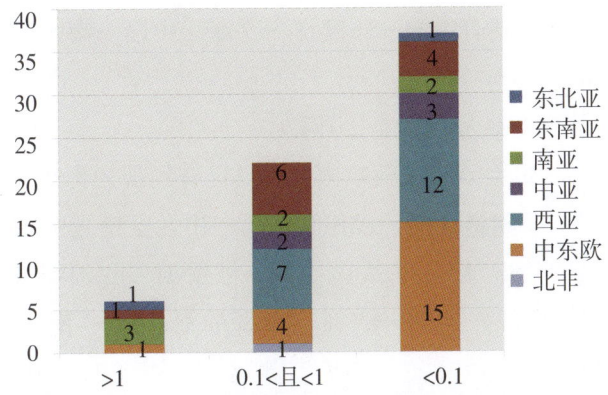

图1.6 "一带一路"沿线国家人口的地区分布（2014年）（亿人）

资料来源：世界银行WDI数据库。

沿线65国在人口密度、人口年增长率及劳动适龄人口比例方面，彼此差异也非常大。

根据世界银行WDI数据，沿线国家中，新加坡、巴林、马尔代夫、孟加拉国、巴勒斯坦、黎巴嫩、印度7国人口密度超过400人/平方公里，其中前4国密度均大于1000人/平方公里，新加坡人口密集程度最高，达7736人/平方公里；而沙特、阿曼、土库曼斯坦、俄罗斯、哈萨克斯坦、蒙古6国人口密度低于20人/平方公里，其中后3国密度不足10人/平方公里，蒙古人口最为稀疏，仅为1.87人/平方公里。

根据世界银行WDI数据，2014年世界人口平均年增长率为1.20%，沿线国家中有30国人口年增长率低于该平均值，包括了沿线全部20个中东欧国家且其中14国人口为负增长，人口增长率最低的为拉脱维亚，为−1.11%；人口增长率超过世界平均值2倍以上的8个国家，主要为阿拉伯国家，其中人口增长最快的是阿曼，年增长率高达8.09%。

根据世界银行WDI数据，2014年沿线65国中有46个国家的劳动适龄人口（15—64岁）比例高于世界平均值65.67%，劳动力资源较为充沛。其中，阿联酋劳动适龄人口比例最高，为85.13%；东帝汶劳动适龄人口比例最低，为52.22%。

1.1.2 各国在"一带一路"所处线路

根据《愿景与行动》中有关"一带一路"战略走向的规划，"丝绸之路经济带"包括中国—欧洲、中国—东南亚两个主要走向，而"21世纪海上丝绸之路"则有中国—印度洋—欧洲、中国—南太平洋两个主要走向，如图1.7。

（1）"丝绸之路经济带"涉及国家

根据图1.7，结合现有的亚欧大陆桥及已有的规划构想，"丝绸之路经济带"的中国—欧洲走向，应包含东西向由北至南近乎平行的3条主干线路及若干支线，即"北线：中国—俄罗斯—欧洲（波罗的海）"，"中线：中国—中亚—西亚—欧洲（波罗的海）"，"南线：中国—中亚—西亚—波斯湾—地中海—欧洲/非洲"。中国—东南亚走向，主要有"东南亚线：中国—东南亚"一条主干线路及若干支线。线路涉及国家如下。

图1.7 "一带一路"战略走向示意图

① 北线：中国—俄罗斯—欧洲（波罗的海）

北线主要依托亚欧第一大陆桥（西伯利亚大铁路），主干线自东向西经过中国、俄罗斯、白俄罗斯、波兰，联通波罗的海沿岸立陶宛、拉脱维亚、爱沙尼亚，并在远东联通蒙古，在中亚联通哈萨克斯坦，合计9个国家。如图1.8。

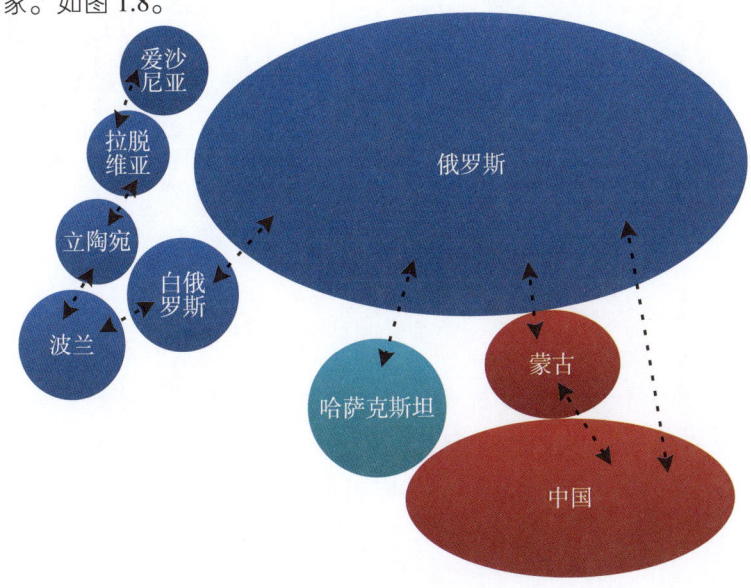

图1.8 "丝绸之路经济带"北线示意图

② 中线：中国—中亚—西亚—欧洲（波罗的海）

中线自中国西向至哈萨克斯坦后，分为南、北两条干线，途经19个国家。

北干线即亚欧第二大陆桥，经哈萨克斯坦北上接入西伯利亚大铁路，途经俄罗斯、白俄罗斯、波兰并波罗的海沿岸立陶宛、拉脱维亚、爱沙尼亚3国。

南干线在哈萨克斯坦境内南下后，经吉尔吉斯斯坦、乌兹别克斯坦、塔吉克斯坦、土库曼斯坦、伊朗、亚美尼亚、阿塞拜疆、格鲁吉亚、俄罗斯、乌克兰、波兰，联通波罗的海上述3国及摩尔多瓦、斯洛伐克。如图1.9。

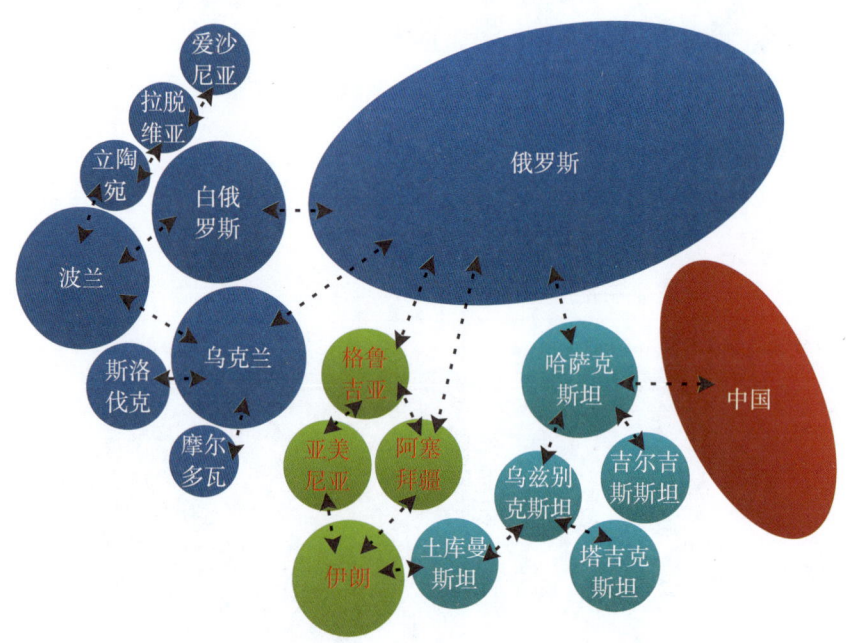

图1.9 "丝绸之路经济带"中线示意图

③ 南线：中国—南亚—西亚—波斯湾—地中海—欧洲/非洲

南线途经27个国家，其自中国西南进缅甸、孟加拉国、印度、不丹、尼泊尔、巴基斯坦、阿富汗、伊朗、土耳其，在土耳其境内分为西进、南下两条干线：向西经保加利亚、塞尔维亚，可达地中海沿岸的欧洲国家马其顿、阿尔巴尼亚、黑山、波黑、克罗地亚、斯洛文尼亚，还可北上经罗马尼亚、匈牙利、捷克联通波罗的海沿岸国家；南下则经地中海东岸的叙利亚、黎巴嫩、以色列、巴勒斯坦、约旦直抵埃及，为深入非洲大陆并阿拉伯半岛奠定基础。此外，还有自中国直抵巴基斯坦瓜达尔港的另一重要支线。如图1.10。

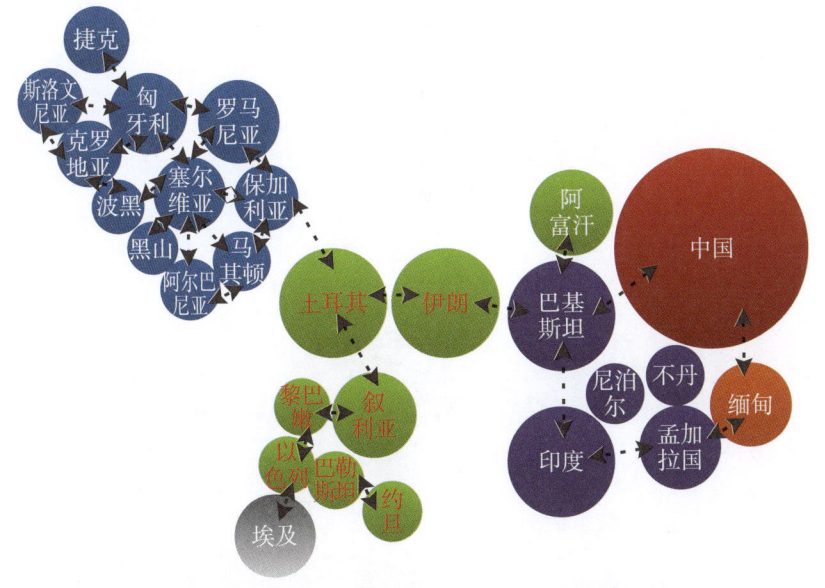

图1.10 "丝绸之路经济带"南线示意图

④ 东南亚线：中国—东南亚

东南亚线自中国出境后，分东、中、西三条主干线，途经9个国家。东干线经越南、柬埔寨，中线经老挝，西线经缅甸，之后三线交汇于泰国，继而南下经马来西亚、新加坡，抵达印度尼西亚。如图1.11。

(2) "21世纪海上丝绸之路"涉及国家

根据图1.7，结合现有的海运航线及港口建设规划，"21世纪海上丝绸之路"的中国—印度洋—地中海走向，包含"中国—波斯湾线"、"中国—红海—地中海/黑海线"两条主干线路；中国—南太平洋走向，主要有"中国—南太平洋线"一条主干线路。线路涉及国家如下。

① 中国—波斯湾线

由中国南下南海，经越南、柬埔寨、泰国、马来西亚、新加坡、印度尼西亚，过马六甲海峡北上，再经缅甸、孟加拉国、印度、斯里兰卡，绕过南亚次大陆最南端再次北上，经巴基斯坦抵达波斯湾沿岸的伊朗、伊拉

图 1.11 "丝绸之路经济带"东南亚线示意图

克、科威特、沙特、巴林、卡塔尔、阿联酋、阿曼各国，途经 20 个国家。如图 1.12。

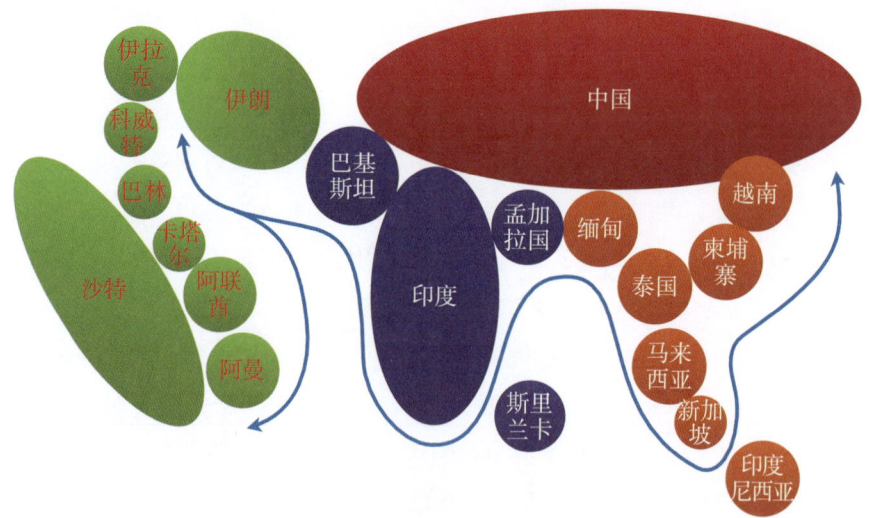

图 1.12 "21 世纪丝绸之路"中国—波斯湾线示意图

② 中国—红海—地中海/黑海线

由中国南海，经越南、柬埔寨、泰国、马来西亚、新加坡、印度尼西亚，过马六甲海峡北上，再经缅甸、孟加拉国、印度、斯里兰卡，绕过南亚次大陆最南端向西经马尔代夫，西进亚丁湾，途经红海沿岸的也门、沙特、约旦、埃及，自苏伊士运河北上地中海，经土耳其博斯普鲁斯海峡可进黑海，途经 17 个国家。如图 1.13。

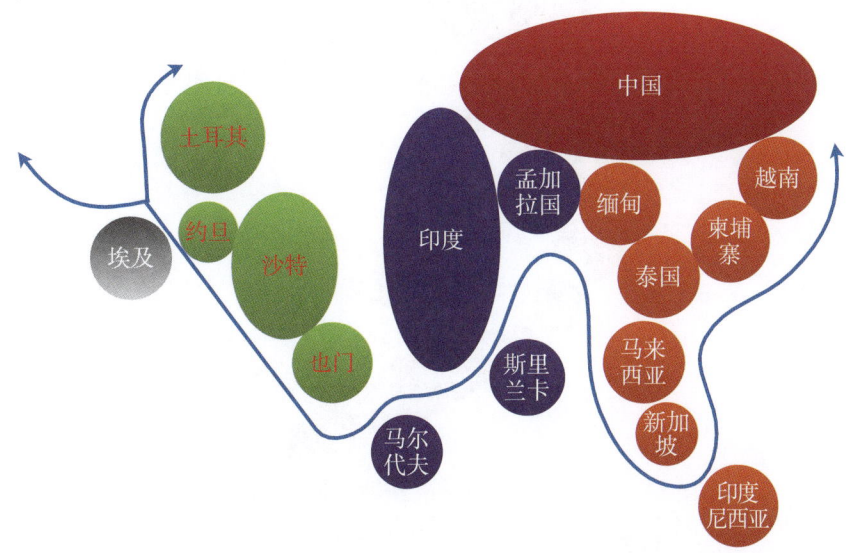

图 1.13 "21 世纪丝绸之路"中国—红海—地中海/黑海线示意图

③ 中国—南太平洋线

由中国南海，一路经越南、柬埔寨、泰国、马来西亚、新加坡，另一路经菲律宾、马来西亚、文莱，两路会于印度尼西亚，继而东进抵达东帝汶后，向东可达南太平洋各国，途经 10 个国家。如图 1.14。

综上所述，"丝绸之路经济带"沿线国家中，欧洲俄罗斯、白俄罗斯、波兰 3 国，中亚哈萨克斯坦，西亚伊朗、土耳其 2 国，南亚巴基斯坦，东南亚缅甸、泰国 2 国，均至少交汇 2 条主要线路，枢纽地位显著。

"21 世纪海上丝绸之路"沿线国家中，东南亚越南、柬埔寨、泰国、马来西亚、新加坡、印度尼西亚 6 国，自中国南海西进印度洋与南下南太平洋的主要航路重合于此，地理位置关键，东南亚缅甸，南亚 4 国孟加拉国、印度、斯里兰卡、马尔代夫则是西进印度洋多条航路交会之地。

此外，南亚的巴基斯坦与东南亚的缅甸值得注意，两国均规划或建有直联中国并通达印度洋的铁路、公路、油气管道及配套港口，可直接贯通"一带"、"一路"。

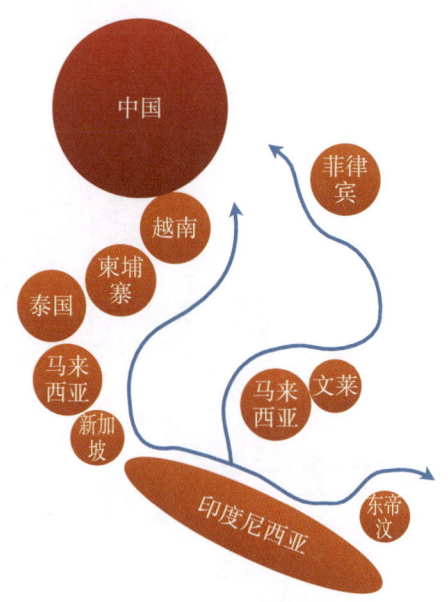

图 1.14 "21 世纪丝绸之路"中国—南太平洋线示意图

1.1.3 沿线各国主要节点城市和港口

沿线 65 个国家共计 146 个主要城市和 131 个主要港口,星罗棋布在"一带一路"的宏大棋局之上,成为各条线路的枢纽节点。(详见附录表 1)

1.2 "一带一路"沿线各国经济和社会发展水平

1.2.1 沿线各国 GDP、人均 GDP

根据世界银行 WDI 数据,"一带一路"沿线 65 个国家,2014 年以现价美元计算的 GDP 合计约为 23.32 万亿美元,约占全世界总量 77.85 万亿美元的 29.96%(如图 1.15),同年以 2005 年不变价格美元计算的 GDP 合计为 13.68 万亿美元,约占全世界总量 58.45 万亿美元的 23.52%(如图 1.16)。综合来看,沿线国家 GDP 占世界 GDP 总量的 1/4 左右。①

---

① 本节中 65 国 GDP 总和及世界 GDP 总量中,均未计入数据缺失国家的 GDP 数值。

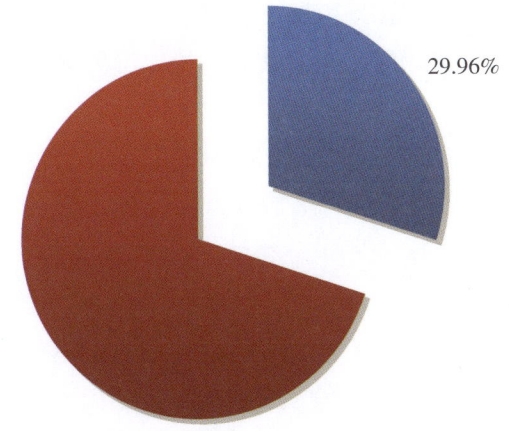

■ "一带一路"沿线国家现价 GDP 总量　■ 其他国家的 GDP 总量

图 1.15　"一带一路"沿线国家现价 GDP 占世界的比例（2014 年）

资料来源：世界银行 WDI 数据库。

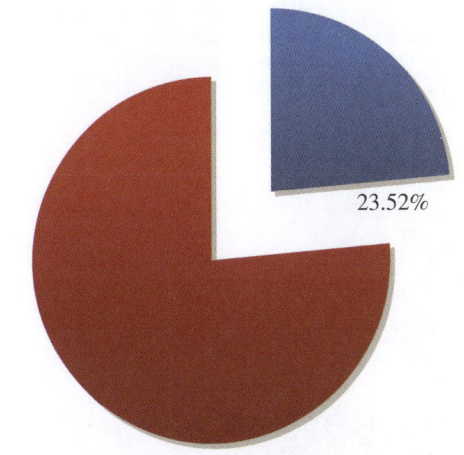

■ "一带一路"沿线国家不变价 GDP 总量　■ 其他国家不变价 GDP 总量

图 1.16　"一带一路"沿线国家不变价 GDP 占世界的比例（2014 年）

资料来源：世界银行 WDI 数据库。

由图 1.17 及图 1.18 可知，沿线国家间 GDP 差异较大，区域经济发展不平衡性突出。以 2014 年现价美元计价 GDP 为例，中国、印度、俄罗斯 3 国 GDP 均超过 1 万亿美元，合计约 14.26 万亿美元，占 63 国[1]GDP 总

---

[1] 叙利亚、也门相关数据缺失。

量的61.15%。其中，中国以10.35万亿美元①高居首位，其GDP接近63国总量的一半；印度、俄罗斯GDP总量依次位居第二、第三，分别为2.05万亿美元和1.86万亿美元，两者之和仅为中国的40%；GDP总量介于1000亿至1万亿美元之间的国家有24个，合计7.92万亿美元，包括西亚8国、中东欧6国、东南亚6国及南亚2国，其中GDP达到5000亿美元以上的仅有4个国家；GDP总量低于1000亿美元的国家共有36个，合计约1.13万亿美元，仅占63国GDP总量的4.85%，尚比俄罗斯一国少7300亿美元，包括中东欧13国、西亚9国、东南亚5国、南亚4国和中亚4国及北非的埃及。可见，东南亚、西亚国家GDP处于中等和较低水平的国家基本各占一半，而南亚、中亚和中东欧地区的多数国家GDP处于较低水平。

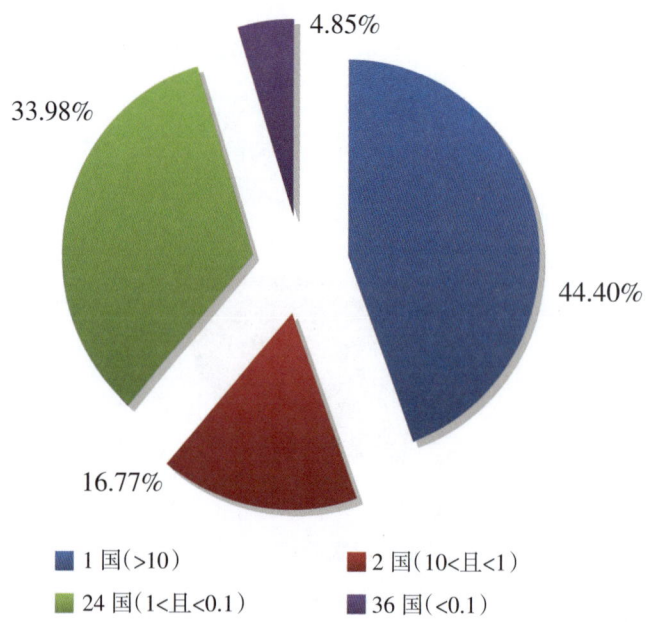

图1.17　"一带一路"沿线国家GDP总量的结构（2014年）（万亿美元，现价）

资料来源：世界银行WDI数据库。

---

①根据世界银行WDI数据库按照经济体为单位的统计方式，中国的GDP未计入中国台湾、中国香港、中国澳门相关数据。

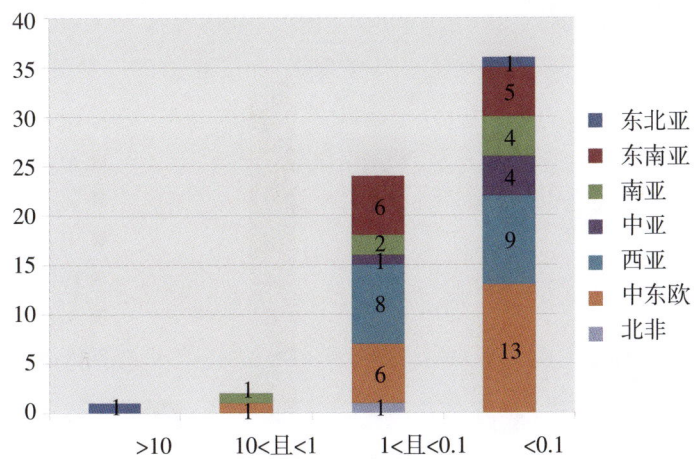

图 1.18 "一带一路"沿线国家 GDP 的地区分布（2014 年）（现价美元）

资料来源：世界银行 WDI 数据库。

注：图中横轴为 GDP 分布区间，单位：万亿美元；纵轴为分布国家总数，单位：个。

根据世界银行 WDI 数据，2014 年的全球 GDP 增长率约为 2.49%，沿线国家中共有 43 国 GDP 增长率超过该平均值，包括 34 个亚洲国家和 9 个中东欧国家，其中土库曼斯坦以年度增长 10.3% 名列榜首。而克罗地亚、巴勒斯坦、科威特、塞尔维亚、伊拉克、文莱和乌克兰 7 国的 GDP 则呈现负增长，乌克兰增速最低，为 –6.8%。

沿线国家间的人均 GDP 差异显著，中东欧、西亚多数国家人均 GDP 很高，而东南亚、南亚、中亚则集中了人均 GDP 很低的国家。根据世界银行 WDI 数据，以 2014 年现价美元计价，沿线国家中人均 GDP 超过世界平均水平 10721.42 美元的国家有 21 个，主要集中在西亚和中东欧地区，其中卡塔尔以高达 96732.4 美元的人均 GDP 排名第一；而人均 GDP 低于 4000 美元的国家有 23 个，包括东南亚 7 国、南亚 6 国、中亚 3 国、西亚 4 国、中东欧 2 国及北非 1 国，其中尼泊尔、阿富汗 2 国的人均 GDP 均不足 1000 美元（如图 1.19）。

1.2.2 沿线各国社会发展水平

人类发展指数（Human Development Index，HDI），是由联合国开发计划署（UNDP）1990 年创立并发布在其年度《人类发展报告》（*Human Development Report*）中，包括"预期寿命、教育水准和生活质量"三个维度，是仅对"出生时预期寿命"、"预期受教育年限"、"平均受教育

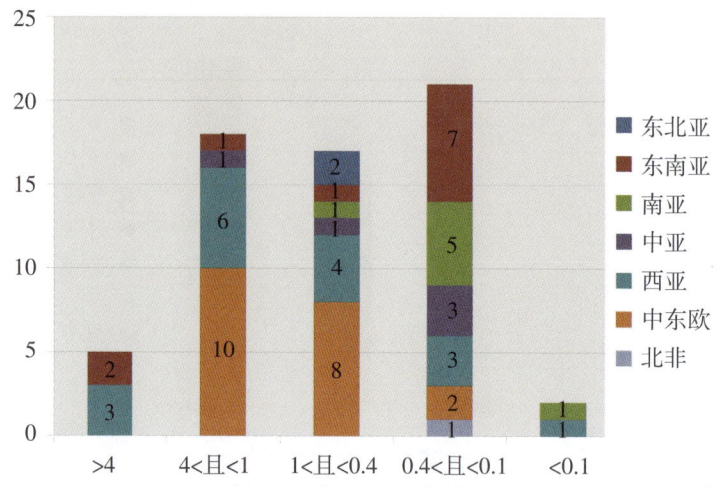

图1.19 "一带一路"沿线国家人均GDP的地区分布（2014年）（现价美元）

资料来源：世界银行WDI数据库。

注：图中横轴为人均GDP分布区间，单位：万美元；纵轴为分布国家总数，单位：个。

年限"、"人均国民总收入"4个变量通过计算得出的综合性指标，用于衡量世界各国的经济社会发展水平，并在指导发展中国家制定相应发展战略方面发挥重要作用。

《2015年人类发展报告》以2014年度数据计算得出的HDI，对世界188个国家或地区进行排名，并以如下评价标准定义了各国及地区经济社会的发展水平：

极高人类发展水平的HDI等于或高于0.800；

高等人类发展水平的HDI介于0.700与0.799之间；

中等人类发展水平的HDI介于0.550与0.699之间；

低等人类发展水平的HDI低于0.550。

根据该年度报告，"一带一路"沿线65个国家中，41国的HDI高于世界平均值0.711，50国高于发展中国家平均值0.66。图1.20显示，沿线国家中有18国处于极高人类发展水平，其HDI分布区间为[0.802, 0.912]，其中排名最高位列世界第11位的新加坡HDI为0.912，其余17国的HDI均低于世界同组49国的平均值0.896（如图1.21.1）；有24国处于高等人类发展水平，其HDI分布区间为[0.706, 0.798]，其中17国的HDI高于世界同组56国的平均值0.744（如图1.21.2）；18国处于

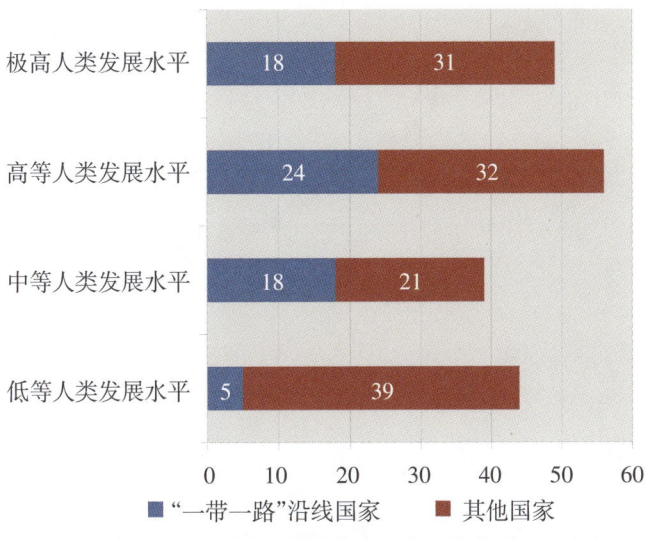

图1.20 "一带一路"沿线国家发展水平分布（2014年）

资料来源：联合国开发计划署（UNDP）《2015年人类发展报告》。
注：图中横轴为分布国家总数，单位：个。

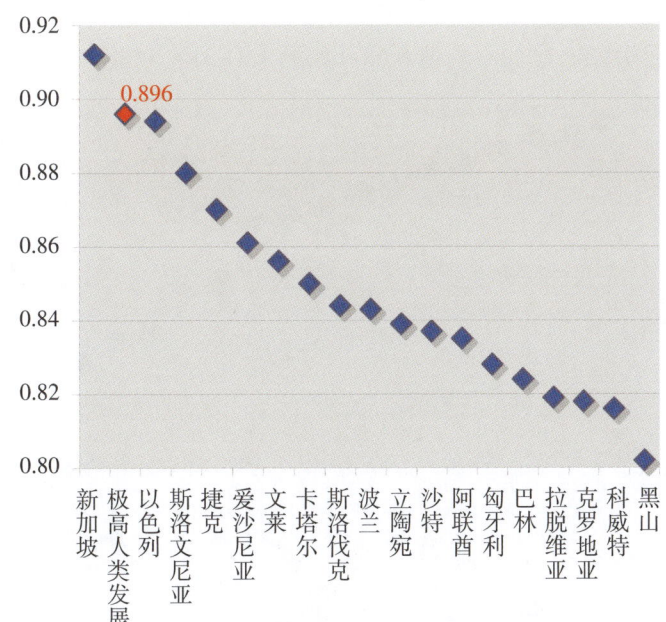

图1.21.1 "一带一路"沿线极高发展水平国家HDI（2014年）

资料来源：联合国开发计划署（UNDP）《2015年人类发展报告》。

概况篇

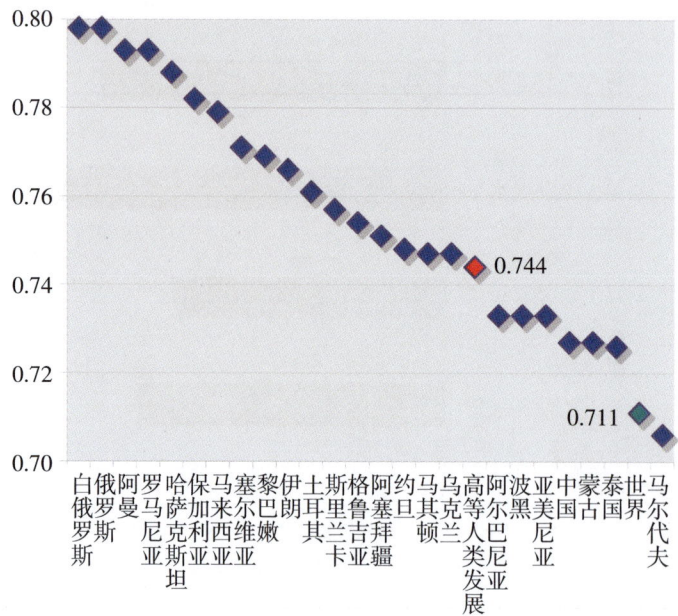

图1.21.2 "一带一路"沿线高等发展水平国家HDI（2014年）

资料来源：联合国开发计划署(UNDP)《2015年人类发展报告》。

中等人类发展水平，其HDI分布于[0.555, 0.693]，其中10国的HDI高于世界同组39国的平均值0.63（如图1.21.3）；5国处于低等人类发展水

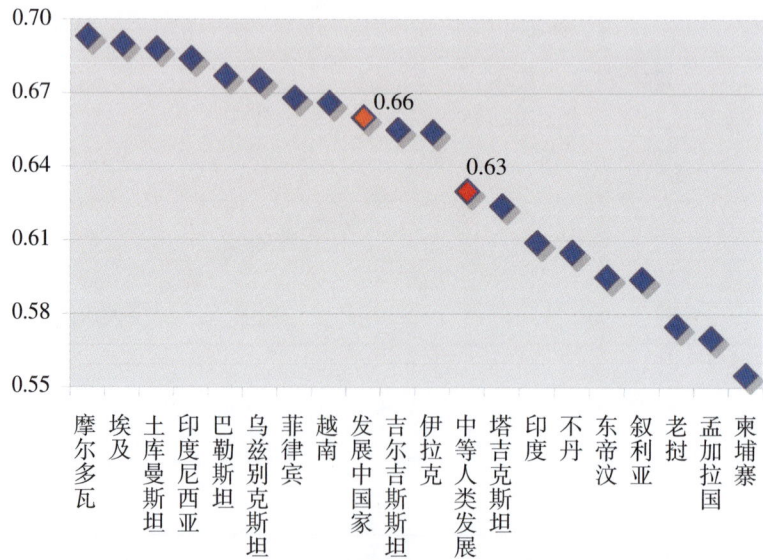

图1.21.3 "一带一路"沿线中等发展水平国家HDI（2014年）

资料来源：联合国开发计划署(UNDP)《2015年人类发展报告》。

平，其 HDI 介于［0.465，0.548］，两国低于世界同组 44 国平均值 0.505，排名最低列 171 位的阿富汗 HDI 为 0.465（如图 1.21.4）。由此可见，沿线各国经济社会发展水平虽有差异，但多数国家属于世界中高等水平。

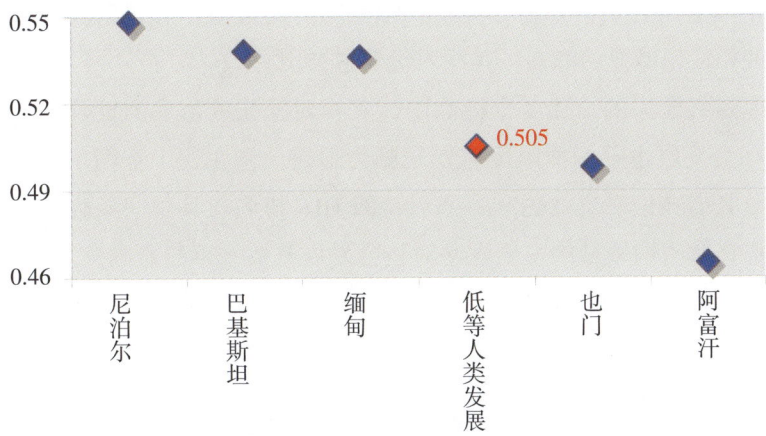

图 1.21.4 "一带一路"沿线低等发展水平国家 HDI（2014 年）

资料来源：联合国开发计划署（UNDP）《2015 年人类发展报告》。

就分布地区而言，图 1.22 显示，中东欧、西亚、东北亚的沿线国家多数处于极高、高等人类发展水平，而东南亚、南亚、中亚、北非的沿线国家国家多数处于中等和低等人类发展水平。

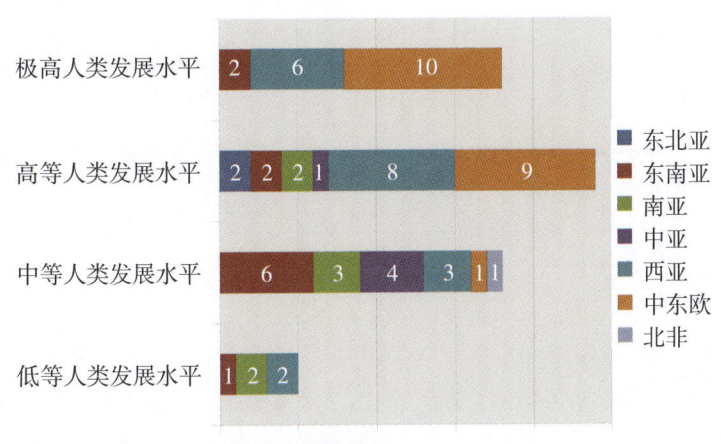

图 1.22 "一带一路"沿线国家发展水平地区分布（2014 年）

资料来源：联合国开发计划署（UNDP）《2015 年人类发展报告》。

注：图中横轴为分布国家总数，单位：个。

分析65国HDI三个维度的4项单项指数，可以发现每个国家在预期寿命、教育水准和生活质量方面，发展并不均衡。图1.23中通过不同指数的排名比较，较为直观地显示出沿线各国、人类发展水平四个组别、发展中国家及全世界，在不同发展领域的对比关系，彩色条段愈短，则该国在相应领域排名愈前，其相对优势愈突出。

而沿线国家的上述4个指数中，其相对领先或落后的发展领域，对各国社会发展水平的贡献度差别也颇为显著。图1.24.1至图1.24.4选择了部分具有典型意义的国家，通过计算HDI排名与其不同指数排名的差值，描述其不同领域的发展水平对社会发展整体水平的影响，其中正值、负值分别表示该领域对社会发展贡献的正面或负面性质，而彩条的长度则显示了该贡献的相对强度。

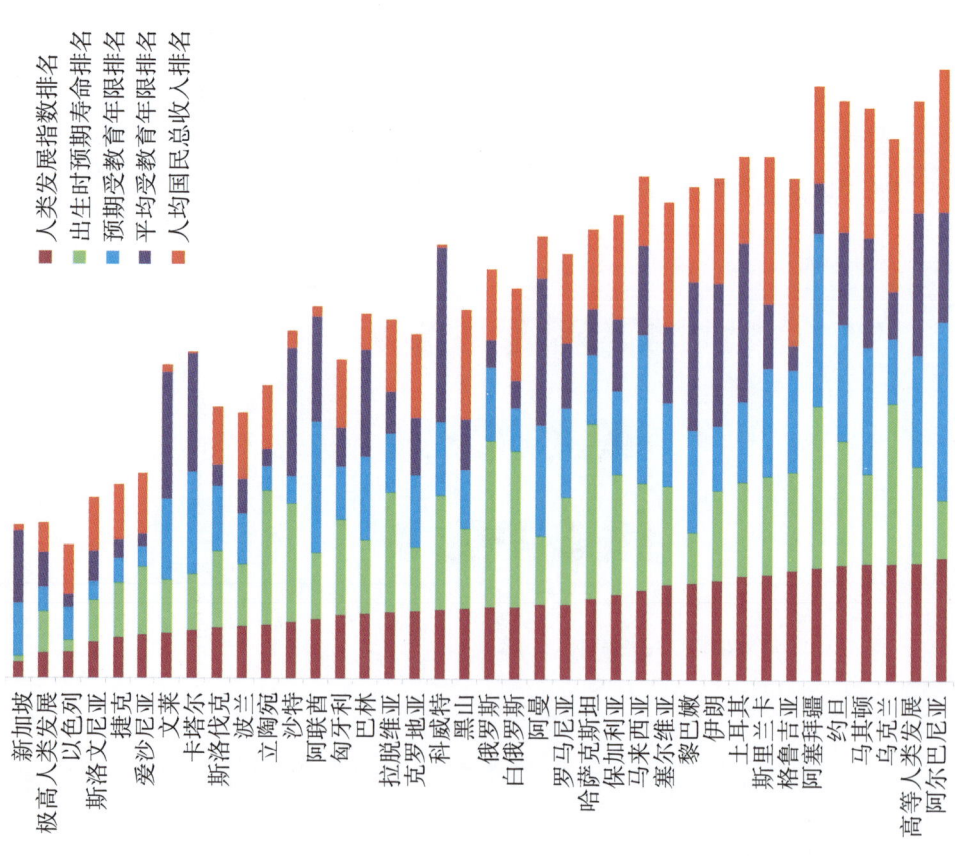

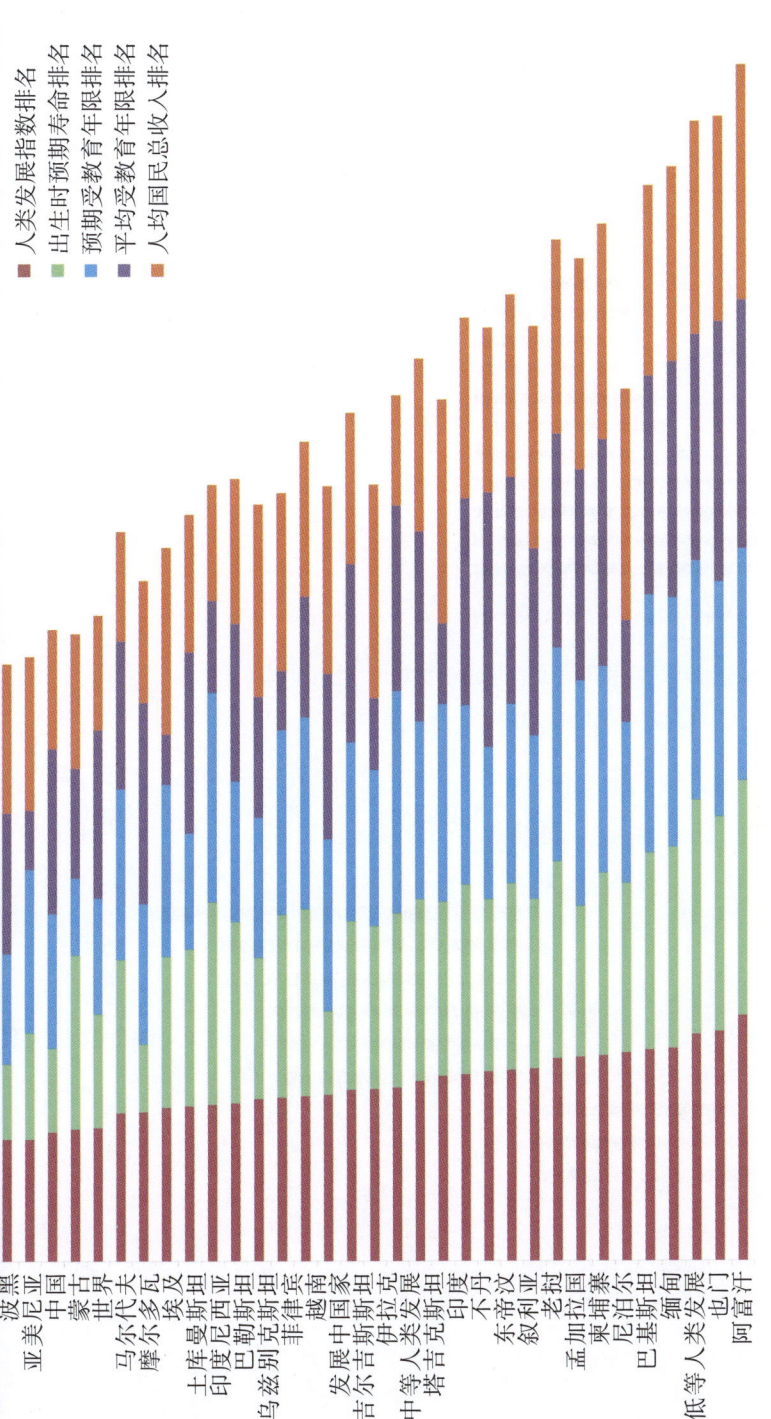

图1.23 "一带一路"沿线国家HDI及其三维4个指数对比关系(2014年)

资料来源:联合国开发计划署(UNDP)《2015年人类发展报告》

注:1. 纵轴为依HDI排名先后顺序排列的"一带一路"沿线65国及该报告列出的参考各指数排名,以其所涵盖全部经济体平均值等作差值并列或差值并列记为77即记为77,或介于17、18名之间则记为17.5名。3. 图中各国(组别)对应5个不同颜色的条段分别表示其在188个经济体中按5个指数排名所对应的名次,条段越短,说明其对应指数排名越靠前。2. 世界、发展中国家及4类发展水平共6类国家(组别),作者在该报告数据的基础上进行了排名。

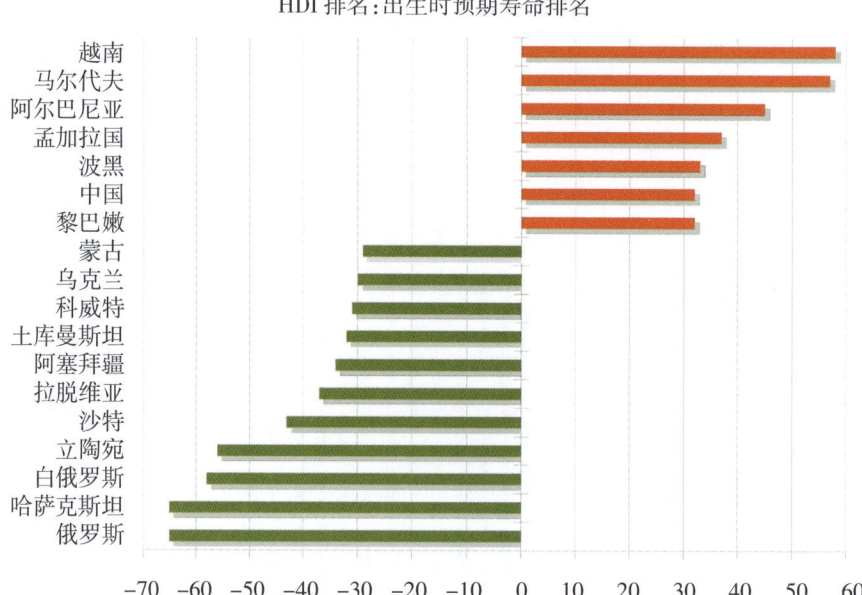

图1.24.1 部分沿线国家预期寿命发展水平贡献度（2014年）

资料来源：联合国开发计划署（UNDP）《2015年人类发展报告》。

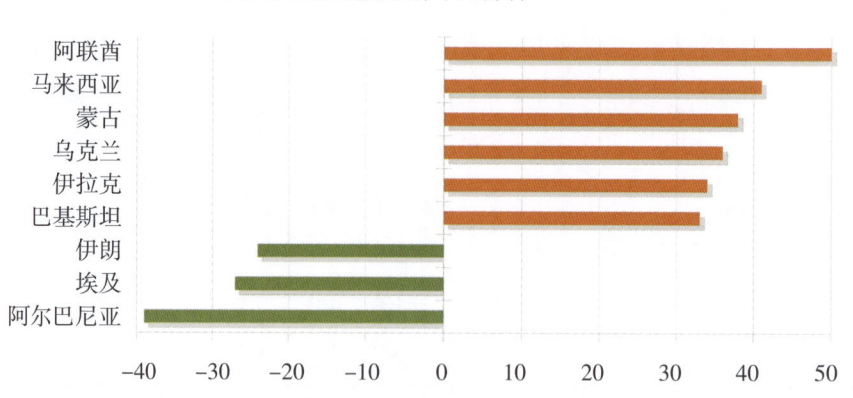

图1.24.2 部分沿线国家预期教育发展水平贡献度（2014年）

资料来源：联合国开发计划署（UNDP）《2015年人类发展报告》。

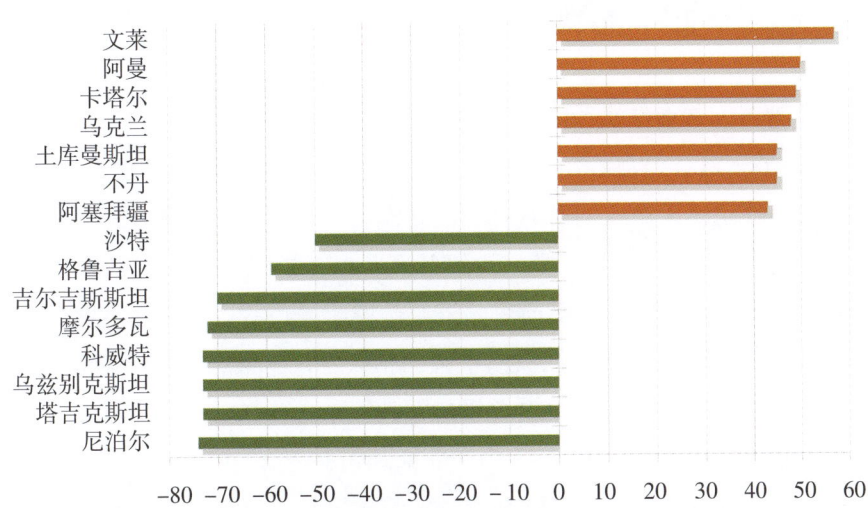

图1.24.3 部分沿线国家实际教育发展水平贡献度（2014年）

资料来源：联合国开发计划署（UNDP）《2015年人类发展报告》。

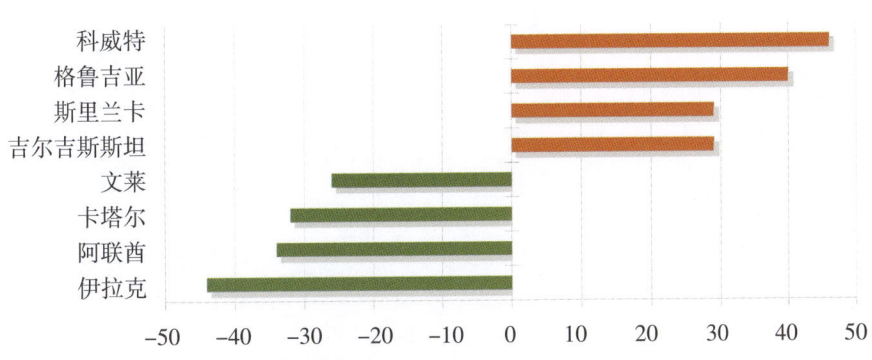

图1.24.4 部分沿线国家生活质量发展水平贡献度（2014年）

资料来源：联合国开发计划署（UNDP）《2015年人类发展报告》。

1.3 "一带一路"沿线各国产业结构

1.3.1 沿线各国产业结构

"一带一路"沿线 65 个国家,其产业结构显著不同。本文从农业、工业、服务业三大产业的基本年产值规模及其在各国国民生产总值中所占比例的角度,对"一带一路"沿线各国产业结构做概要分析。

就三大产业年产值规模而言,沿线国家相差巨大,事实上这与沿线国家 GDP 总量存在巨大差异具有很强的相关性,其中服务业、工业相对农业而言,其产值规模与 GDP 总量的相关性更强一些。例如,对比 2014 年沿线各国 GDP 总量排名与三大产业增加值排名,如表 1.2,可见 GDP 及各产业领域排名前 20 和后 10 的国家基本一致,显示出三大产业产值规模与 GDP 总量密切相关,同时服务业、工业相比农业,其增加值排名与 GDP 排名更为一致,甚至具体排位顺序都接近相同。

表 1.2 "一带一路"沿线国家 GDP 与三大产业年产值排名比较(2014 年)

国家	GDP 排名	农业增加值排名	工业增加值排名	服务业增加值排名
中国	1	1	1	1
印度	2	2	3	2
俄罗斯	3	4	2	3
印度尼西亚	4	3	5	5
土耳其	5	6	7	4
沙特	6	15	4	7
波兰	7	14	9	6
伊朗	8	9	8	8
泰国	9	7	10	10
阿联酋	10	32	6	11
马来西亚	11	12	12	12
新加坡	12	54	18	9
埃及	14	8	15	15
菲律宾	15	11	16	13
巴基斯坦	16	5	22	14
伊拉克	17	20	13	20

续表1

国家	GDP排名	农业增加值排名	工业增加值排名	服务业增加值排名
哈萨克斯坦	18	18	17	16
卡塔尔	19	53	11	24
捷克	20	25	20	18
罗马尼亚	21	19	23	17
越南	22	10	19	21
孟加拉国	23	13	24	19
科威特	24	50	14	25
匈牙利	25	24	26	22
乌克兰	26	16	28	23
斯洛伐克	27	28	27	26
阿曼	28	44	21	34
斯里兰卡	29	21	30	27
白俄罗斯	30	23	29	29
阿塞拜疆	31	29	25	36
乌兹别克斯坦	33	17	31	35
克罗地亚	34	37	33	30
保加利亚	35	34	34	28
斯洛文尼亚	36	47	32	33
立陶宛	37	39	35	32
黎巴嫩	39	35	37	31
塞尔维亚	40	30	36	37
约旦	41	41	38	38
拉脱维亚	43	48	40	39
爱沙尼亚	44	49	39	40
阿富汗	45	27	41	41
尼泊尔	46	22	49	44
波黑	47	42	44	42
柬埔寨	49	26	42	45
格鲁吉亚	50	40	46	43
阿尔巴尼亚	51	33	48	47
蒙古	53	38	43	49
老挝	54	31	45	50
亚美尼亚	55	36	47	48
马其顿	56	46	50	46

续表 2

国家	GDP 排名	农业增加值排名	工业增加值排名	服务业增加值排名
摩尔多瓦	58	45	52	51
吉尔吉斯斯坦	59	43	51	52
黑山	60	51	54	53
马尔代夫	61	55	55	54
不丹	62	52	53	55

资料来源：作者在世界银行 WDI 数据基础上进行排名。

注：因缅甸、文莱、东帝汶、塔吉克斯坦、土库曼斯坦、叙利亚、以色列、巴勒斯坦、也门、巴林 10 国三大产业无相关数据，未列入表内，因此表内 GDP 排名不连续。

根据世界银行 WDI 数据，2014 年沿线 55 国以现价美元计算的农业增加值[①]排名，产值最多的前 20 国均高于 90 亿美元，合计 19133.51 亿美元，约占 55 国农业总增加值 19955.11 亿美元的 95.88%，其中产值 1000 亿美元以上的中国[②]、印度、印度尼西亚，分别以 9495.73 亿美元、3364.70 亿美元、1188.90 亿美元位列榜首三甲，仅该 3 国产值即合计 14049.33 亿美元，占 55 国农业总增加值的 70.4%；其余 35 国农业增加值合计 821.60 亿美元，仅占 55 国农业总增加值的 4.1%，其中低于 10 亿美元的 10 国，合计约 54.75 亿美元，榜尾的马尔代夫农业产值仅为 0.94 亿美元，不足榜首中国的万分之一。

2014 年，沿线 55 国以现价美元计算的工业增加值[③]排名，产值最多的前 20 国均高于 700 亿美元，合计 82512.56 亿美元，占 55 国工业总增加值 87910.68 亿美元的 93.86%，中国、俄罗斯、印度分别以 44236.82 亿美元、5701.69 亿美元、5676.92 亿美元名列榜首，3 国合计 55615.43 亿美元，占 55 国总增加值的 63.26%；其余 35 国合计 5398.12 亿美元，仅

---

① 世界银行 WDI 数据库定义：农业对应《国际标准行业分类》第 1—5 项，包括林业、狩猎和渔业及作物耕种和畜牧生产。增加值为所有产出相加再减去中间投入得出的部门的净产出。

② 由于世界银行 WDI 数据库按照经济体为单位进行统计，故中国的农业及下述工业、服务业的增加值均未包含中国台湾、中国香港及中国澳门的相关数据。

③ 世界银行 WDI 数据库定义：工业对应 ISIC 第 10—45 项与制造业（ISIC 第 15—37 项），其中包括采矿业、制造业、建筑业、电力、水和天然气行业中的增加值。增加值定义为所有产出相加再减去中间投入得出的部门的净产出。

占 55 国总增加值的 6.14%，榜尾依然是马尔代夫，产值为 5.16 亿美元。

2014 年，沿线 55 国以现价美元计算的服务业增加值①排名，产值最多的前 20 国均高于 800 亿美元，合计 103113.0 亿美元，占 55 国总增加值 112002.29 亿美元的 92.06%，中国、印度、俄罗斯分别以 49815.77 亿美元、9824.87 亿美元、9551.97 亿美元列于榜首，3 国合计 69192.61 亿美元，占 55 国总增加值的 61.78%；其余 35 国服务业总增加值合计 8889.28 亿美元，仅占 55 国总增加值的 7.9%，其中仅有 3 国增加值超过 700 亿美元，不丹以 7.29 亿美元位列榜尾。

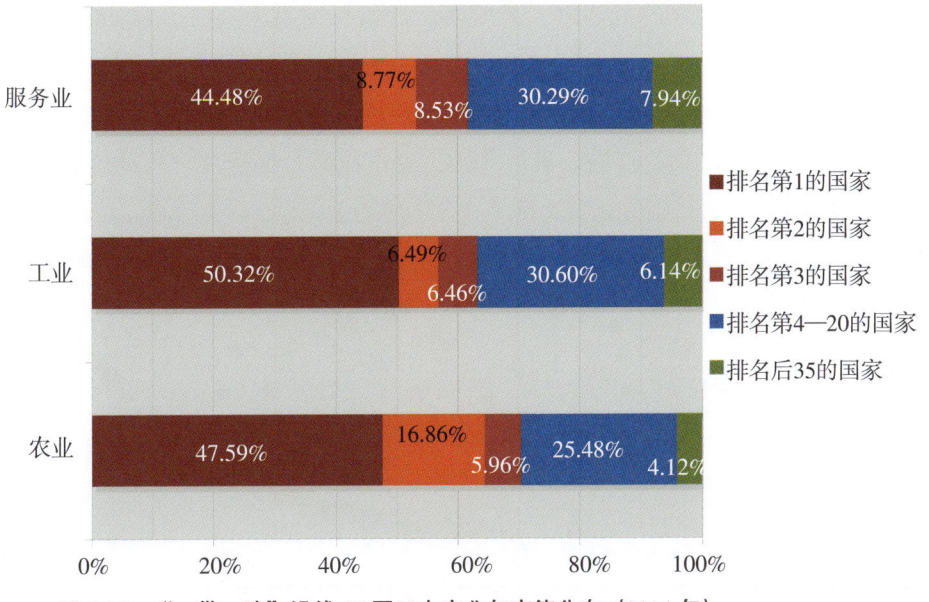

图 1.25 "一带一路"沿线 55 国三大产业年产值分布（2014 年）

资料来源：作者在世界银行 WDI 数据基础上计算所得。

由表 1.2 及图 1.25 可看出，沿线国家中中国三大产业年产值均稳居榜首，其各产业产值占比均接近或达到 55 国年产总值的 50%，且均超过除排名前三位外其余 52 国各产业的年产总量，各产业年产值排名前三位

---

① 世界银行 WDI 数据库定义：服务业对应 ISIC 第 50—99 项，包括产生附加值的批发和零售贸易（包括酒店和饭店），运输、政府、金融、专业和个人服务，例如教育、医疗卫生及房地产服务。此外还包括设算银行利息，进口税以及国家编纂机构发现的统计偏差和指标调整。增加值为所有产出相加再减去中间投入得出的部门的净产出。

的国家与排名前 20 国，其各产业年产值总量分别超过 55 国年产总值的 60%和 90%。而各产业年产值排名后 35 国的年产总量，则分别少于对应产业年产值排名第 3 一个国家的产值。榜尾、榜首国家相比则更甚，相差竟达成千上万倍，差别极为悬殊。

就沿线国家三大产业的 GDP 占比来看，整体而言，沿线大多数国家的服务业占 GDP 比重均较大，基本超过一半；其次为工业占比，多为两到四成；农业所占比例较小，不足两成。例如，2014 年，沿线 55 国中各国服务业占 GDP 的比例均超过 30%，且低于 50%的仅有 17 国；而农业占 GDP 比重最大的尼泊尔、柬埔寨，比值仅略高于 30%，且 48 国占比不足 20%，其中 36 国低于 10%；工业占比 55 国均低于 70%，其中 40 国介于 20%—40%之间，高于 50%的仅有 7 个国家，如图 1.26。

例外情况仅有 12 国，其中 8 国工业占比高于服务业，包括西亚卡塔

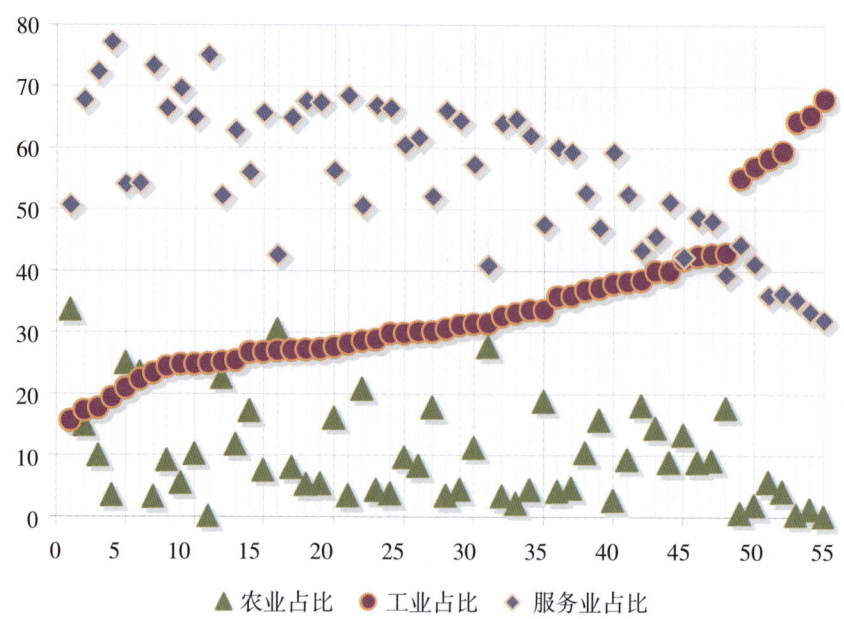

图 1.26 "一带一路"沿线国家三大产业 GDP 占比分布（2014 年）

资料来源：世界银行 WDI 数据库。

注：1. 纵轴为产业 GDP 占比比例，单位：%；横轴每个刻度对应一个沿线国家，与横轴每个刻度相交的纵线上均有三个点，分别对应该国的三大产业占比。

2. 因缅甸、文莱、东帝汶、塔吉克斯坦、土库曼斯坦、叙利亚、以色列、巴勒斯坦、也门、巴林 10 国三大产业无相关数据，故未列入。

尔、阿曼、科威特、伊拉克、阿塞拜疆、沙特、阿联酋 7 国与南亚不丹 1 国，另有 4 国农业占比高于工业，为南亚尼泊尔、巴基斯坦 2 国与西亚阿富汗 1 国及东南亚柬埔寨 1 国。

1.3.2 沿线各国主要优势产业和产品

"一带一路"沿线国家分别拥有各自具有比较优势的产业和产品。本节采用显示性比较优势指数（Revealed Comparative Advantage Index）[①]，衡量各国海关商品编码（HS 编码）为 01—99 的 16 类产品[②]，在国际市场中是否具有较强的比较优势，以区别各国主要的优势产业和产品。

RCA 指数，为一国某个产业或产品的出口额在该国出口总额中所占份额，与世界范围内该产业或产品出口额占世界全部产业或产品出口总额份额的比值。该指数完全排除了国家出口总量变化以及世界出口总量变化，对一国产业或产品竞争优势判断的影响，可以较好地反映该国某产业或产品在世界市场中的比较优势。一般认为，一国某个产业显示性比较优势指数 RCA>2.5，表明其该产业具有极强的国际竞争力；RCA<0.8，表明其该产业国际竞争力较弱；而 RCA 介于 [0.8, 1.25] 和 (1.25, 2.5] 区间内，表明其该产业分别具有中度与较强的国际竞争力。

根据世界银行 WITS 数据库可获得的沿线国家 16 类产品的 RCA 指数，列出各国具有极强、较强竞争力的优势产业和产品，如图 1.27、1.28 所示。

尽管各国的优势产业和产品不尽相同，但在地区分布上，呈现出一定的共同特征。例如，沿线西亚北非可获得 RCA 数据的 17 个国家，石油分别是其中 10 国和 2 国具有极强、较强竞争力的优势产业产品，且除格鲁吉亚、黎巴嫩、土耳其、叙利亚、亚美尼亚、约旦、埃及外，其余 10 国仅拥有 1—2 种优势产业产品；沿线大部分岛屿国家，也呈现出类似

---

① 显示性比较优势指数（下文简称 RCA 指数），由美国经济学家贝拉·巴拉萨（Balassa Bela）于 1965 年提出，通过定量描述某国（地区）产业（产品组）相对出口的表现，以反映某国（地区）某产业贸易的比较优势。

② 16 类产品为动物产品（HS01—05）、植物和蔬菜产品（HS06—15）、食品（HS16—24）、矿产（HS25—26）、石油（HS27）、化工产品（HS28—38）、塑料和橡胶（HS39—40）、皮革产品（HS41—43）、木材（HS44—49）、纺织服装（HS50—63）、鞋类产品（HS64—67）、石料陶瓷和玻璃（HS68—71）、金属制品（HS72—83）、机电产品（HS84—85）、运输车辆（HS86—89）、其他产品（HS90—99）。

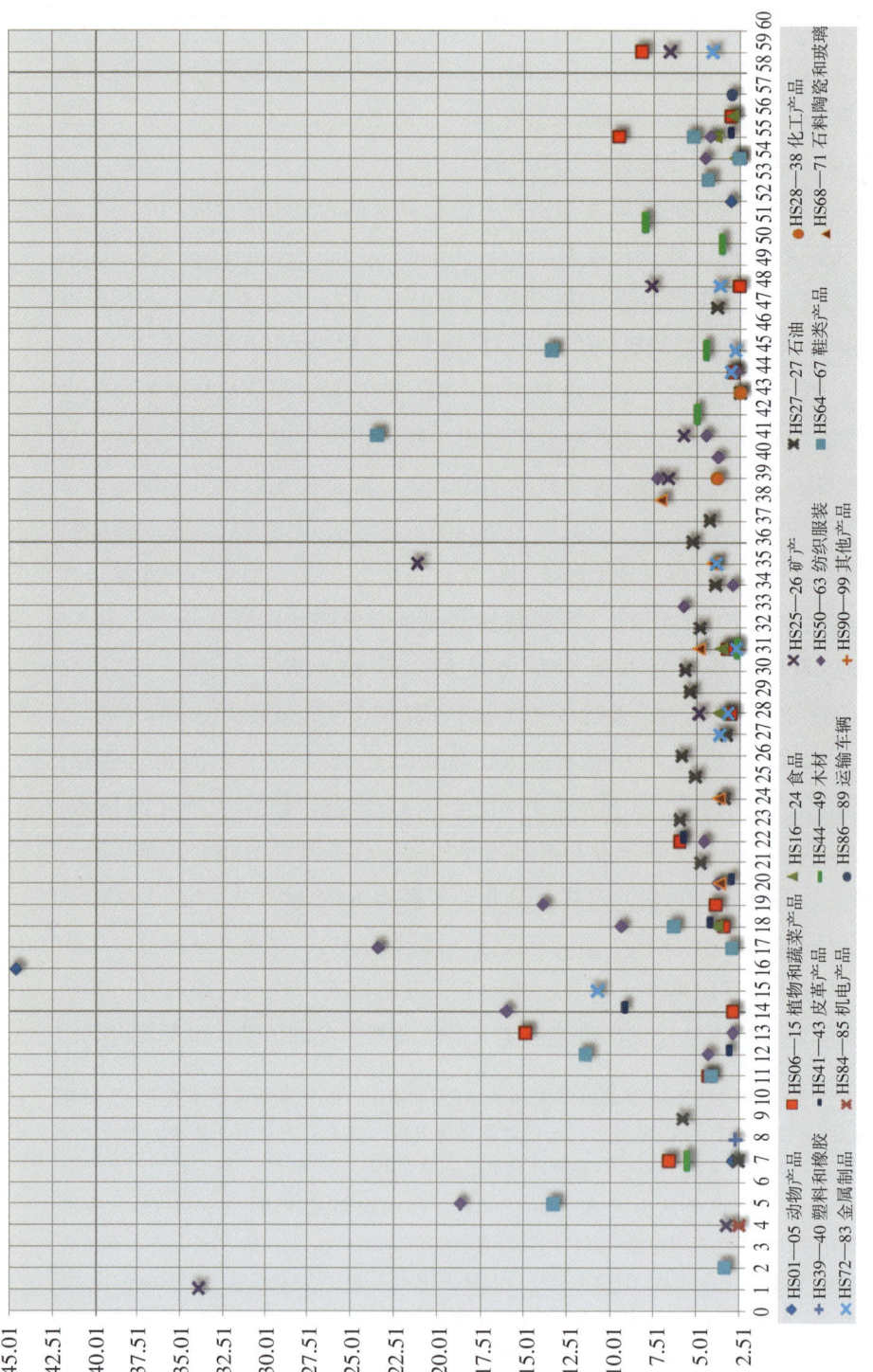

图1.27 "一带一路"沿线国家具有极强竞争力的主要优势产业和产品

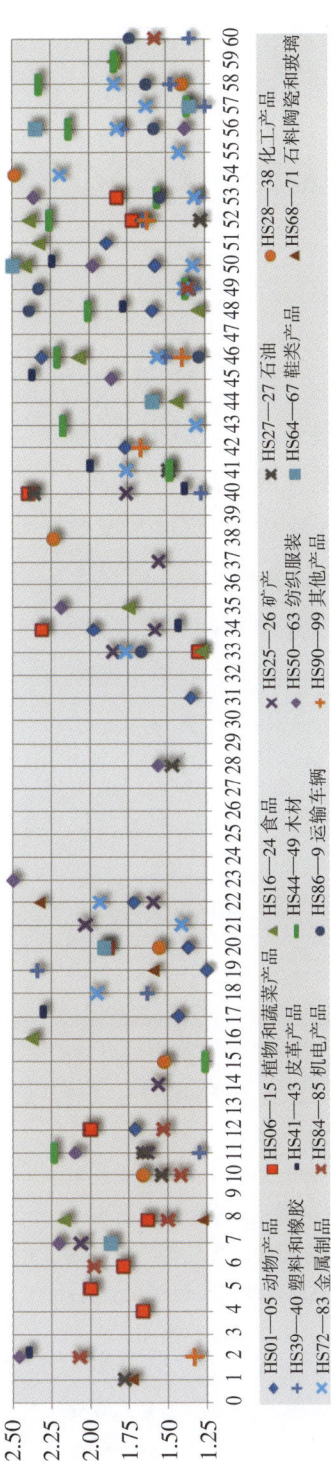

图 1.28 "一带一路"沿线国家具有较强竞争力的主要优势产业和产品

资料来源：世界银行 WITS 数据库。

注：两图中纵轴为 RCA 指数；横轴为沿线 60 国对应序号，老挝，巴勒斯坦，伊拉克，乌兹别克斯坦，塔吉克斯坦 5 国数据缺失，国家序号对照表如下，其中数据年份为可获得数据最新统计年份。

国家序号对照表

序号	国家	数据年份	序号	国家	数据年份	序号	国家	数据年份	序号	国家	数据年份
1	蒙古	2014	13	阿富汗	2014	25	阿曼	2014	37	伊朗	2011	49	捷克	2014
2	中国	2014	14	巴基斯坦	2014	26	阿塞拜疆	2014	38	以色列	2014	50	克罗地亚	2014
3	东帝汶	2013	15	不丹	2012	27	巴林	2014	39	约旦	2014	51	拉脱维亚	2014
4	菲律宾	2014	16	马尔代夫	2011	28	格鲁吉亚	2014	40	埃及	2014	52	立陶宛	2014
5	柬埔寨	2013	17	孟加拉国	2013	29	卡塔尔	2014	41	阿尔巴尼亚	2014	53	罗马尼亚	2014
6	马来西亚	2014	18	尼泊尔	2014	30	科威特	2013	42	爱沙尼亚	2014	54	摩尔多瓦	2014
7	缅甸	2010	19	斯里兰卡	2014	31	黎巴嫩	2013	43	白俄罗斯	2014	55	塞尔维亚	2014
8	泰国	2014	20	印度	2014	32	沙特	2014	44	保加利亚	2014	56	斯洛伐克	2014
9	文莱	2014	21	哈萨克斯坦	2013	33	土耳其	2014	45	波黑	2014	57	斯洛文尼亚	2014
10	新加坡	2014	22	吉尔吉斯斯坦	2014	34	叙利亚	2010	46	波兰	2014	58	乌克兰	2014
11	印度尼西亚	2014	23	土库曼斯坦	2000	35	亚美尼亚	2014	47	俄罗斯	2013	59	乌克兰	2013
12	越南	2013	24	阿联酋	2011	36	也门	2013	48	黑山	2014	60	匈牙利	2014

的优势产业产品少于3种、结构比较单一的特点；而东北亚、东南亚和中东欧大多数国家，拥有相对较多具有比较优势的产业产品种类。

此外，有12个国家6类合计13个RCA>10的优势产业产品，分别为鞋类产品、纺织服装、矿产、动物产品、植物蔬菜及金属制品，其比较优势极为突出。

1.4 "一带一路"沿线各国营商环境

世界银行所发布的《2016年全球营商环境报告》（Doing Business 2016）①对全球189个经济体，基于各经济体前沿距离综合评分②进行了营商便利度排名。③其中，"一带一路"沿线64个国家④分列第1至第177名之间，其中有40国名列前90名以内，17国排名在91—140名之间，新加坡以87.34分位居189个经济体榜首，沿线国家中排名最低的国家是阿富汗，以40.58分列第177位，同时，64国中有54国的前沿距离评分相较上一报告年度，均有不同程度提高，显示出沿线大部分国家的营商环境均有一定程度的改善。

就地区分布而言，如图1.29所示，中东欧国家营商便利度排名均比较靠前，沿线国家列入前40名的16国中，中东欧国家占据11席，分布在第12—40名之间，并且除阿尔巴尼亚以外，其余19国均排名前90名

---

① 《2016年全球营商环境报告》以2015年6月数据为基准。

② 《全球营商环境报告》针对开办企业、施工许可办理、电力获取、资产登记、信贷获取、投资者保护、纳税、跨境贸易、合同执行、破产办理10个营商监管领域的36个指标，定义"前沿"为自2005年以来，所有经济体中在某一指标上的最佳表现；而前沿距离综合评分则指就上述36个指标而言，以其各自前沿为100分，以最差表现为0分，对一个经济体就该指标进行评分，再对上述各指标分值求简单平均值所得分值，以衡量该经济体的营商环境与上述10个领域36个指标前沿最佳表现的差距，通过多年前沿距离的比较，可以反映一个经济体的营商监管环境随时间改变的程度。

③ 营商便利度排名，通过对比189个经济体的前沿距离综合评分进行排名，反映一个经济体相对其他经济体，其营商环境的发展水平。

④ 《2016年全球营商环境报告》涉及的189个经济体中，不包括沿线国家土库曼斯坦。

以内，其营商环境普遍优良；东北亚的蒙古、中国两国，以及中亚 4 国中的 3 国跻身 41—87 名之间，营商环境良好；东南亚、西亚国家分布比较平均，90 名前后的国家基本各占一半，彼此营商环境有较大差别，例如同为东南亚国家，新加坡位列榜首，而缅甸、东帝汶仅名列第 167、173 位；北非埃及位居第 131 名，营商环境一般；南亚 7 国中 6 国位列 91 名之后，其中 5 国排在 99—138 名之间，营商环境一般，1 国排在第 174 名，排名靠后，营商环境较差。

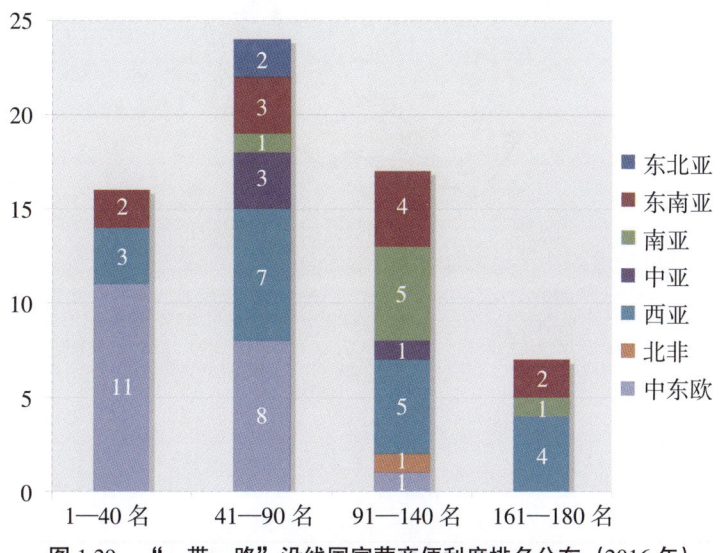

图 1.29 "一带一路"沿线国家营商便利度排名分布（2016 年）

资料来源：世界银行《2016 年全球营商环境报告》。

注：横轴为排名名次，因沿线国家在 141—160 名之间无分布，图中略去。

就沿线各国在营商便利度排名衡量的 10 个营商监管领域的表现而言，如图 1.30（A—D），从整体来看，沿线国家在开办企业、纳税、跨境贸易、登记财产等领域，前沿距离评分普遍较高，营商监管表现较好，而在办理破产、获得信贷等领域评分均较低，有较大的改善空间。

此外，以营商便利度排名为序排列的沿线 64 个国家中，排名靠前的国家并非每个监管领域的前沿距离均评分更高，排名靠后的国家也存在某个前沿距离评分较高的监管领域。由此可见，在 10 个营商监管领域，各国各有所长，亦各有可更进一步改善的方面，例如 189 个经济体中，榜首的新加坡，也仅有办理施工许可、保护中小投资者、执行合同 3 个领域评分占据最高，而排名第 177 位并在沿线国家中垫底的阿富汗，其开办企业的前沿距离评分在沿线国家中列第 15 位，比绝大多数沿线国家表现更好。

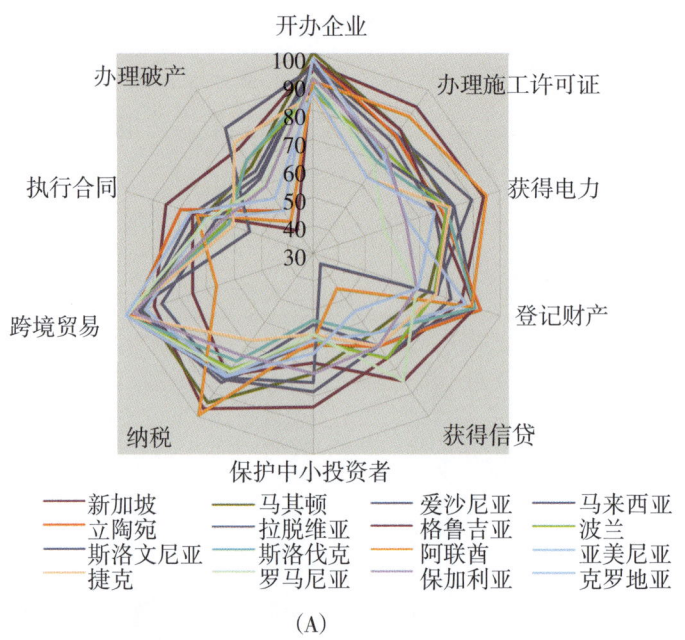

(A)

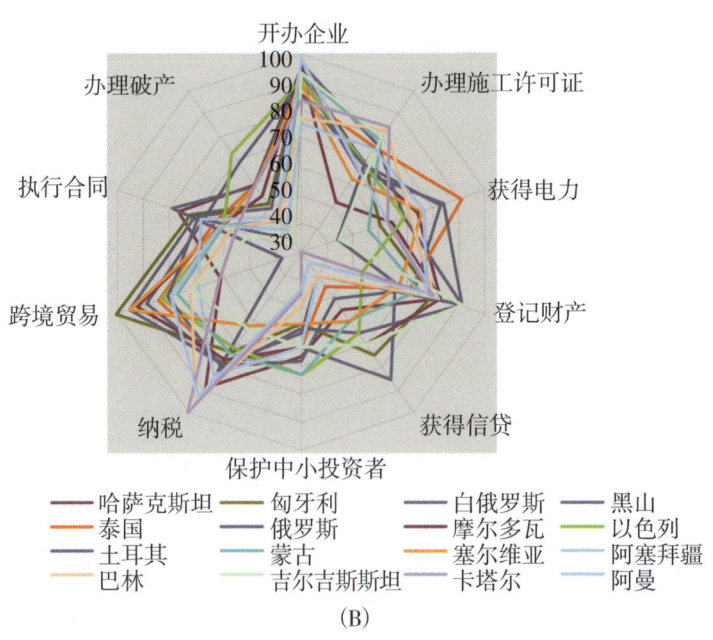

(B)

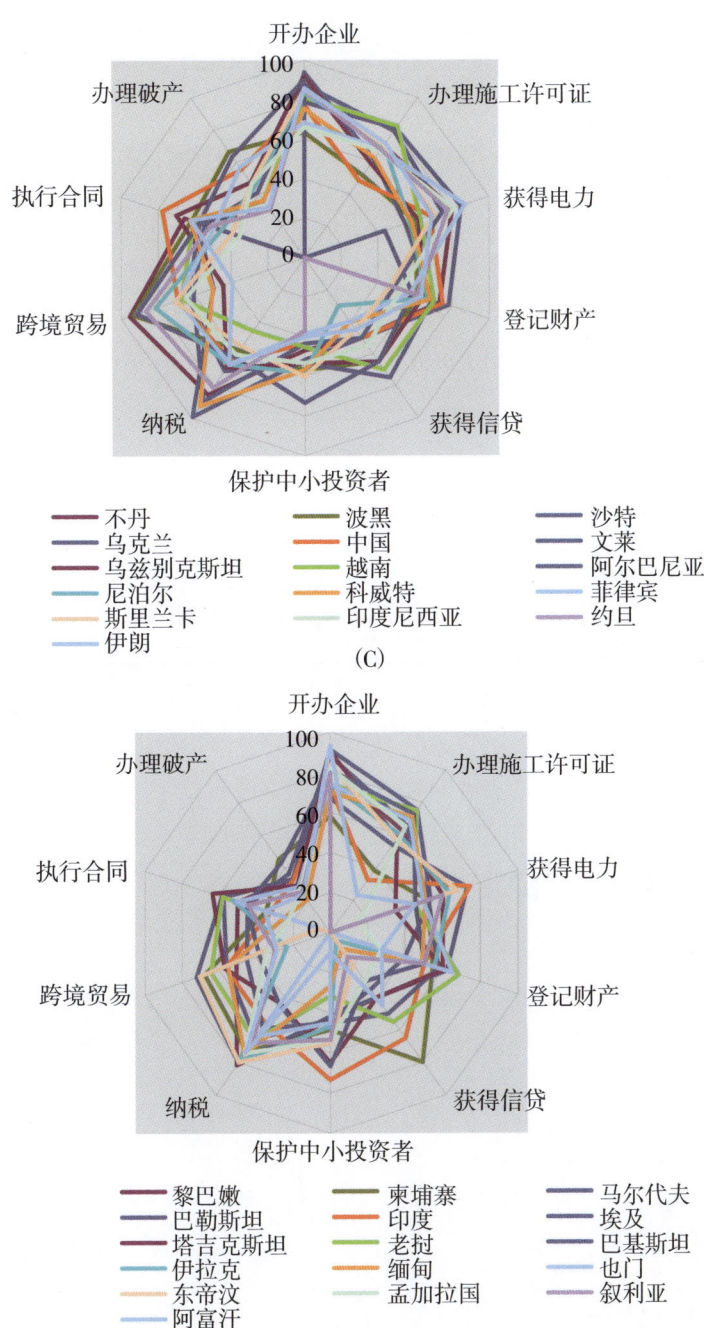

图1.30 "一带一路"沿线国家营商监管领域前沿距离评分分布（2016年）

资料来源：世界银行《2016年全球营商环境报告》。

2 贸易篇

2.1 沿线各国对外贸易概况

2.1.1 各国对外贸易概况

（1）出口

据世界银行 WDI 数据统计，2014 年"一带一路"沿线国家货物贸易出口总额为 7.07 万亿美元，约占 2014 年世界货物贸易出口总额的 37.23%。

表 2.1 列出了 2014 年"一带一路"沿线各地区出口总额及其在沿线国家出口总额中所占的比重。其中，东北亚地区的货物出口总额高达 2.35 万亿美元，在各地区中排名第一位，其出口总额占区域内各国货物出口总额的 33.24%；西亚地区排名第二位，其货物出口总额为 1.48 万亿美元，占区域内各国出口总额的 20.93%；排名第三位的是中东欧地区，货物出口总额为 1.42 万亿美元，占区域内各国出口总额的 20.08%；接下来依次是东南亚、南亚、中亚及北非地区。

表 2.1 2014 年各地区货物贸易出口总额及其占区域内各国出口总额的比重

区域划分	货物贸易出口总额（万亿美元）	在沿线国家总出口中所占比重(%)
东北亚	2.35	33.24
西亚	1.48	20.93
中东欧	1.42	20.08
东南亚	1.30	18.39
南亚	0.38	5.37
中亚	0.11	1.56
北非	0.03	0.42
沿线各国合计	7.07	100

资料来源：世界银行 WITS 数据库。

从具体国别来看，图 2.1 列出了 2014 年"一带一路"沿线货物贸易出口总额排名前 10 位的国家。前 10 位国家的货物贸易出口总额高达 5.14 万亿美元，在沿线各国出口总额 7.07 万亿美元中所占比重高达

72.70%。由此可见,"一带一路"沿线国家的出口贸易主要集中在这10个国家。

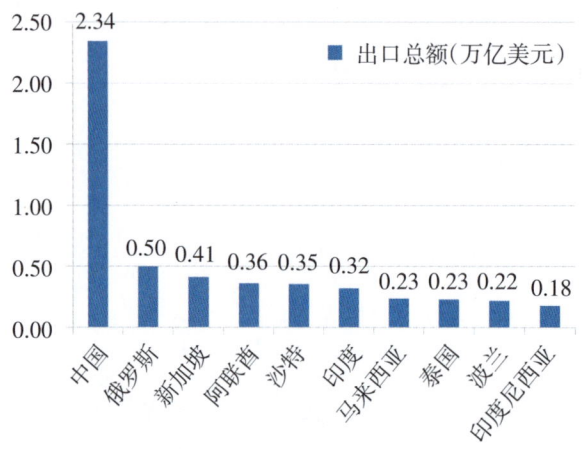

图 2.1　2014 年"一带一路"沿线货物贸易出口总额排名前 10 位的国家

资料来源:世界银行 WITS 数据库。

在前 10 位国家中,中国的货物贸易出口总额为 2.34 万亿美元,占前 10 位国家货物贸易出口总额的 45.53%;新加坡、马来西亚、泰国、印度尼西亚 4 个东南亚国家货物贸易出口总额为 0.96 万亿美元,占前 10 位国家货物贸易出口总额的 18.68%。不难看出,前 10 位国家的货物贸易出口主要集中在中国与东南亚国家。在前 10 位国家中,中国以远高于其他各国的 2.34 万亿美元的货物贸易出口总额排名第一位。这一出口规模是排名第二的俄罗斯的出口总额的 4.68 倍,是印度出口总额的 7.31 倍,可以说,中国的货物贸易出口在沿线国家中具有突出优势。

(2) 进口

2014 年,"一带一路"沿线各国货物贸易进口总额约为 6.24 万亿美元,约占 2014 年世界货物贸易进口总额的 32.69%。

表 2.2 列出了 2014 年"一带一路"沿线各地区货物贸易进口总额及其在沿线各国货物贸易进口总额中所占的比重。如表 2.2 所示,在"一带一路"沿线各地区中,东北亚地区以 1.96 万亿美元的货物贸易进口总额排名第一,其在沿线各国总进口额中所占的比重高达 31.41%。排名第二的是中东欧地区,其货物贸易进口总额为 1.25 万亿美元,在区域内总进口额中所占比重为 20.03%;东南亚地区以 1.24 万亿美元的进口总额排名

第三，其在沿线各国总进口额中所占比重为19.87%。接下来依次是西亚地区、南亚地区、中亚地区以及北非地区。

表2.2 2014年各地区货物贸易进口总额及其占"一带一路"沿线各国进口总额的比重

国家或地区	货物贸易进口总额（万亿美元）	在沿线国家进口总额中所占比重(%)
东北亚	1.96	31.41
中东欧	1.25	20.03
东南亚	1.24	19.87
西亚	1.06	16.99
南亚	0.58	9.29
中亚	0.08	1.28
北非	0.07	1.12
沿线各国合计	6.24	100

资料来源：世界银行WITS数据库。

图2.2列出了2014年"一带一路"沿线货物贸易进口总额排名前10位的国家。前10位国家2014年的货物贸易进口总额为4.44万亿美元，在沿线各国货物贸易进口总额6.24万亿美元中所占比重高达71.15%。可见"一带一路"沿线各国的货物贸易进口主要集中在了前10位的国家。

在前10位的国家中，地处东北亚地区的中国2014年货物贸易进口总额高达1.96万亿美元，排名首位，其在前10位国家的货物贸易进口总额中的占比约为44.14%。前10位国家中地处东南亚地区的国家2014年

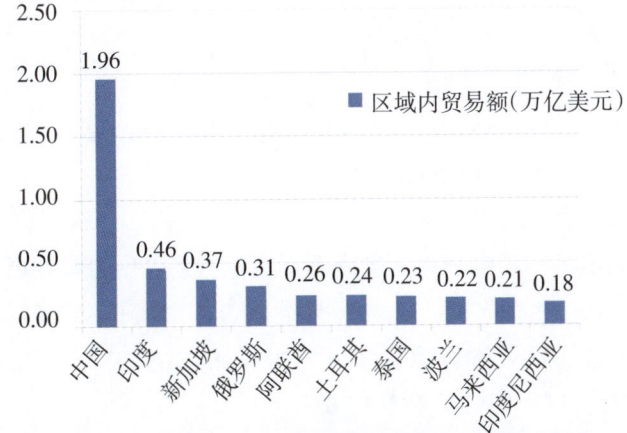

图2.2 2014年"一带一路"沿线货物贸易进口总额排名前10位的国家

资料来源：世界银行WITS数据库。

货物贸易进口总额为0.98万亿美元,其在前10位国家的货物贸易进口总额中所占比重约为22.07%。在前10位国家中,货物贸易进口总额排名第一的中国是排名第二位的印度的货物贸易进口额的4倍还多。由此可见,中国在货物贸易进口方面较之于区域内其他国家具有更强的进口需求。

(3) 贸易依存度

贸易依存度,一般用对外贸易进出口总额占GDP的比重来表示,并以此来衡量各个国家的经济开放程度。图2.3列出了2014年"一带一路"沿线贸易依存度排名前10位的国家。据测算,2014年"一带一路"沿线各国贸易依存度的平均值为82%;排名前10位的国家,贸易依存度平均值为161%。二者相比可以看出,前10位国家的开放程度要远超"一带一路"沿线国家的平均水平。在前10位国家中,新加坡以252%的贸易依存度排在首位。斯洛伐克排名第二,其贸易依存度为168%。接下来是越南、捷克等国。中国2014年贸易依存度为50%,这在某种程度上反映了中国在对外经济开放方面仍具有较大的发展空间。

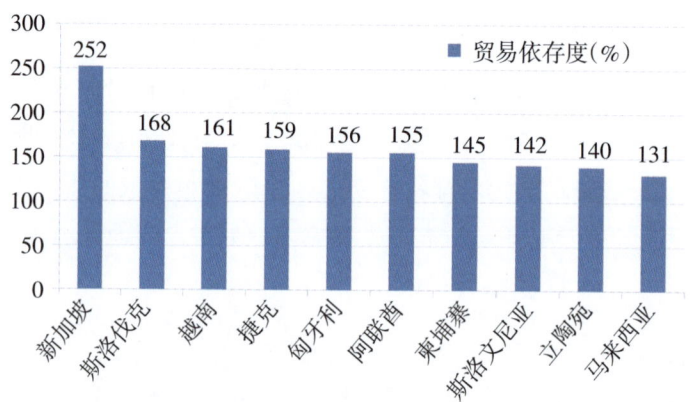

图2.3 2014年"一带一路"沿线国家贸易依存度排名情况(前10位)

资料来源:世界银行WDI数据库。

(4) 外贸年均增长率

表2.3列出了"一带一路"沿线国家货物贸易进出口年均增长率排名前10位的国家。由表可知:货物贸易进出口年均增长率排名前10位的国家基本上都是发展中国家。其中,中国的货物出口年均增长率为18.24%,货物进口年均增长率为17.61%。

表2.4列出了"一带一路"沿线货物贸易出口额排前五位的国家2001—2013年的出口年增长率。如图2.4所示,前五位出口国的年增长

表 2.3 "一带一路"沿线进出口年均增长率排名前 10 位的国家

国家和地区	货物出口年均增长率(%)	国家和地区	货物进口年均增长率(%)
阿塞拜疆	27.40	东帝汶	25.20
卡塔尔	21.95	格鲁吉亚	21.83
蒙古	21.27	蒙古	21.65
土库曼斯坦	20.22	卡塔尔	20.85
哈萨克斯坦	20.14	吉尔吉斯斯坦	20.62
东帝汶	19.07	印度	18.62
缅甸	19.02	缅甸	18.28
越南	18.75	越南	18.20
阿尔巴尼亚	18.53	哈萨克斯坦	18.17
格鲁吉亚	18.52	中国	17.61

资料来源:世界银行 WITS 数据库。

率变化趋势基本一致。2001—2004 年各国出口年增长率呈逐年上升趋势,2004—2007 年各国出口年增长率整体上表现出明显的上下波动特征。受 2008 年美国次贷危机影响,2009 年各国货物贸易出口出现了负增长。近年来,随着全球经济的缓慢复苏,前五位出口国的货物贸易出口年增长率有所回升,但波动幅度较大。

表 2.4 2001—2013 年沿线前五位出口国出口年增长率情况

时间	货物贸易出口额前五位国家的出口年增长率(%)				
	中国	俄罗斯	新加坡	印度	马来西亚
2001	6.78	−3.49	−11.65	2.32	−10.41
2002	22.36	5.32	2.81	13.58	6.88
2003	34.59	26.68	27.74	19.72	11.32
2004	35.39	34.78	24.22	29.99	20.83
2005	28.42	33.07	15.61	29.96	11.95
2006	27.17	24.51	18.36	22.28	13.50
2007	25.95	16.75	10.12	23.28	9.47
2008	17.23	33.07	12.99	29.75	13.33
2009	−16.01	−35.67	−20.21	−15.36	−21.15
2010	31.3	32.05	30.40	37.26	26.31
2011	20.32	30.30	16.38	33.82	14.84
2012	7.92	1.39	−0.27	−2.01	−0.24
2013	7.82	−1.13	0.45	6.07	0.35

资料来源:世界银行 WITS 数据库。

图 2.4 前五位出口国 2001—2013 年出口年增长率情况

资料来源：世界银行 WITS 数据库。

表 2.5 列出了"一带一路"沿线进口大国从 2001—2013 年的货物贸易进口年增长率。图 2.5 描述了"一带一路"沿线前五位进口国货物贸易进口年增长率的变化趋势。从图中可以看出，"一带一路"沿线前五位进口国的货物贸易进口年增长率趋势基本与图 2.6 中出口年增长率的变化趋势一致。

表 2.5 2001—2013 年沿线前五位进口国进口年增长率情况

时间	货物贸易进口额前五位国家的进口年增长率（%）				
	中国	印度	新加坡	俄罗斯	土耳其
2001	8.20	−2.20	−13.78	20.39	−24.04
2002	21.19	12.15	0.38	13.40	24.53
2003	39.84	28.38	16.98	24.77	34.50
2004	35.97	37.51	27.44	28.02	40.67
2005	17.59	43.19	15.24	28.81	19.72
2006	19.93	24.88	19.33	30.97	19.53
2007	20.8	28.56	10.24	36.04	21.84
2008	18.45	39.96	21.52	30.59	18.76
2009	−11.18	−19.88	−23.14	−34.28	−30.22
2010	38.80	36.17	26.45	29.63	31.66
2011	24.87	32.62	17.69	30.24	29.80
2012	4.30	5.43	3.81	3.59	−1.78
2013	7.24	−4.96	−1.77	1.76	6.39

资料来源：世界银行 WITS 数据库。

图 2.5 前五位进口国 2001—2013 年进口年增长率情况

资料来源：世界银行 WITS 数据库。

2.1.2 各国出口商品结构

（1）大类分析

本部分将出口产品分为四大类：原材料、资本产品、中间产品和消费产品。表 2.6 列出了沿线各地区四大类产品出口总额及其在每类产品出口总额中所占的比重。从表中数据不难看出：原材料出口主要集中在西

表 2.6　2014 年沿线各地区各大类产品出口总额及所占比重

地区		原材料	资本产品	中间产品	消费产品	全部产品
东北亚	W1（万亿美元）	0.043	1.011	0.383	0.871	2.348
	N1（%）	3.940	55.020	33.920	37.390	35.790
中东欧	W2（万亿美元）	0.272	0.272	0.252	0.532	1.372
	N2（%）	24.920	14.800	22.260	22.840	20.910
东南亚	W3（万亿美元）	0.114	0.451	0.231	0.417	1.260
	N3（%）	10.490	24.560	20.430	17.920	19.200
中亚	W4（万亿美元）	0.060	0.001	0.012	0.009	0.083
	N4（%）	5.500	0.080	1.040	0.400	1.260
南亚	W5（万亿美元）	0.034	0.043	0.105	0.197	0.379
	N5（%）	3.090	2.330	9.250	8.440	5.780
西亚	W6（万亿美元）	0.562	0.058	0.140	0.291	1.092
	N6（%）	51.510	3.180	12.410	12.510	16.650
北非	W7（万亿美元）	0.006	0.001	0.008	0.011	0.027
	N7（%）	0.550	0.030	0.007	0.490	0.410
沿线各国合计	W 总（万亿美元）	1.091	1.837	1.131	2.328	6.561
	N 总（%）	100	100	100	100	100

资料来源：世界银行 WITS 数据库。

亚各国（占沿线国家的 51.51%），资本产品出口集中在东北亚（占沿线国家的 55.02%）和东南亚（占沿线国家的 24.56%）等地区，中间产品出口主要集中在东北亚（占沿线国家的 33.92%）、中东欧（占沿线国家的 22.26%）及东南亚（占沿线国家的 20.43%），消费产品出口则主要集中在东北亚（占沿线国家的 37.39%）、中东欧（占沿线国家的 22.84%）以及东南亚（占沿线国家的 17.92%）。换言之，除了原材料外，其他各大类产品主要出口地均集中在东北亚、中东欧和东南亚各国。

图 2.6 列出了沿线原材料产品出口额排名前 10 位的国家，其中沙特以 0.3 万亿美元高居榜首，其原材料产品出口总额占本国出口总额的 85.71%。中国以 0.04 万亿美元的出口额排名第 7 位，原材料产品出口总额在本国出口总额中所占比重为 1.71%。

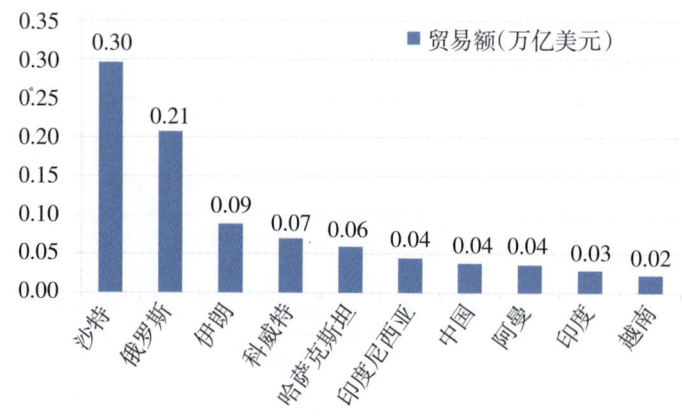

图 2.6　沿线原材料产品出口额排名前 10 位的国家

资料来源：世界银行 WITS 数据库。

图 2.7 列出的是沿线资本产品出口排名前 10 位的国家，不难发现排名靠前的国家主要集中在东北亚地区和东南亚地区。一个国家资本产品出口额可以反映出这个国家装备制造业竞争力的强弱。中国以 1.01 万亿美元的出口额排名第一位，其资本产品出口额是排名第二位的新加坡的 5.32 倍。实际上，排名第 2 到第 10 位国家的资本产品出口额总和仅为 0.66 万亿美元，远低于中国资本产品出口额。由此可见，中国的资本产品出口规模在"一带一路"沿线国家中独占鳌头，反映了中国装备制造业明显的国际竞争优势。

图 2.8 列出了沿线中间产品出口额排名前 10 位的国家，其中印度的

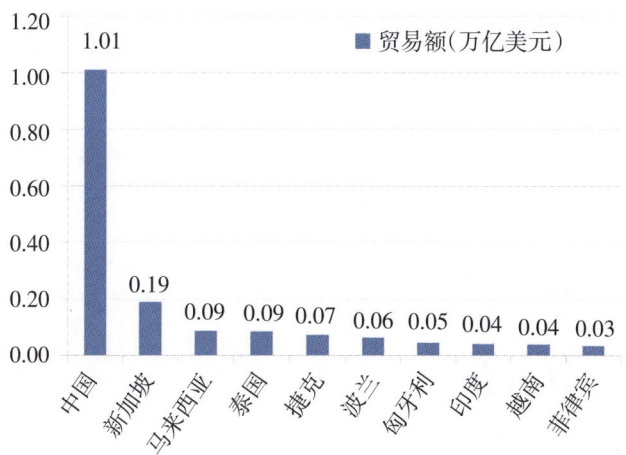

图 2.7　沿线资本产品出口总额排名前 10 位的国家

资料来源：世界银行 WITS 数据库。

中间产品出口额占其出口总额的 29.31%，中国中间产品出口额占其出口总额的 16.36%。中间产品出口规模大往往意味着该国较为深入地参与跨境生产网络。中国以 3829 亿美元的中间产品出口额排名第一位，约是第二位印度中间产品出口额的 4.1 倍。俄罗斯排在第三位，其中间产品出口额为 840 亿美元。接下来是新加坡、泰国、印度尼西亚、马来西亚、波兰、沙特和土耳其。

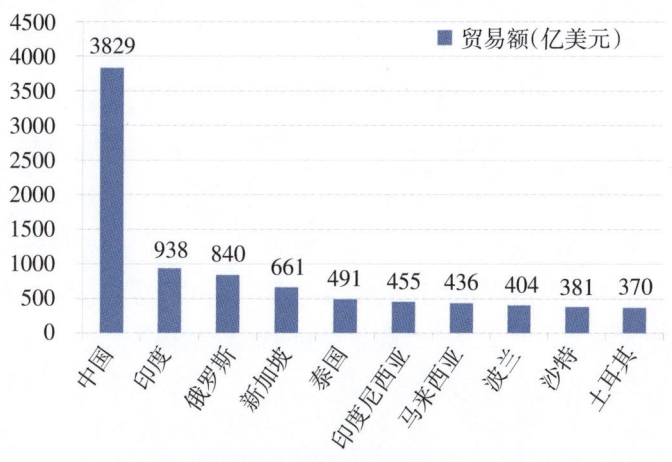

图 2.8　沿线中间产品出口额排名前 10 位的国家

资料来源：世界银行 WITS 数据库。

图 2.9 列出了沿线消费产品出口额排名前 10 位的国家，其中印度消

费品出口额占其出口总额的47.46%,中国为37.21%。如图所示,中国以8706亿美元的消费品出口额排名第一位,是第三位印度消费品出口额的5.7倍。前10位国家除中国外的另9个国家消费品出口总额为9528亿美元,将这一数据与中国的消费品出口额相比,可以看出中国在制成品的生产与出口方面与沿线其他国家相比具有明显优势。

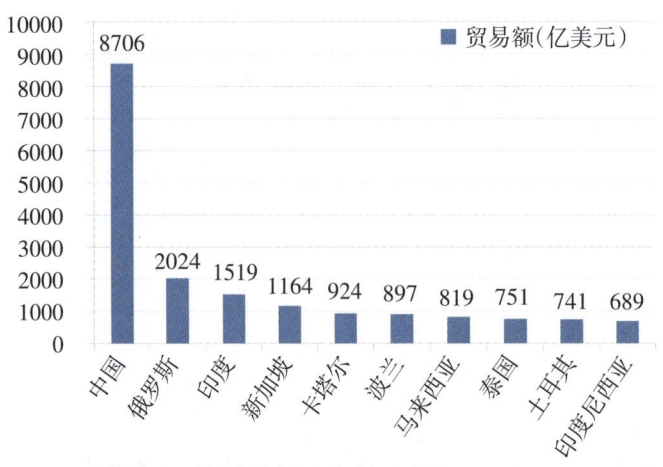

图2.9 沿线消费产品出口排名前10位的国家

资料来源:世界银行WITS数据库。

(2) 细类分析

本部分参照世界银行WITS数据库将各国出口产品分成16个细类,即动物产品、植物和蔬菜产品、食品、矿产、石油、化工产品、塑料和橡胶、皮革产品、木材、纺织服装、鞋类产品、石料陶瓷和玻璃、金属制品、机电产品、运输车辆和其他产品。表2.7列出了沿线国家按细类产品划分后各类产品出口总额最大的前五个国家及前五个国家每一类产品在沿线整个行业出口总额中所占的比重。由表中数据可见,中国在除植物和蔬菜产品、矿产及石油以外的所有细类产品出口中稳居第一位,即便是植物和蔬菜产品细类,中国的出口额也仅次于印度尼西亚。

(3) 前五位出口商品分析

表2.8列出了沿线各国前五位出口产品。从表中可以大致看出,沿线不同地区的主要出口产品。中亚地区主要出口资源类产品,如矿产与石油。中东欧地区主要出口工业制成品,如化工产品、机电产品等。东北亚

表2.7 沿线各类产品出口额排前几位的国家及在沿线整个行业的占比情况

产品类别		细类产品出口额排名前五位的国家（按从左至右的顺序排列）				
动物产品	排名	中国	印度	波兰	越南	印度尼西亚
	比重(%)	23.35	13.78	11.21	6.67	4.30
植物和蔬菜产品	排名	印度尼西亚	中国	印度	马来西亚	乌克兰
	比重(%)	14.07	11.39	11.34	9.91	6.60
食品	排名	中国	泰国	波兰	新加坡	土耳其
	比重(%)	20.45	12.63	9.05	6.11	5.29
矿产	排名	俄罗斯	中国	乌克兰	土耳其	印度
	比重(%)	11.03	9.23	8.95	8.64	7.32
石油	排名	俄罗斯	沙特	卡塔尔	科威特	伊朗
	比重(%)	24.56	21.25	7.52	6.24	6.08
化工产品	排名	中国	新加坡	印度	俄罗斯	沙特
	比重(%)	30.61	10.63	9.35	5.99	5.20
塑料和橡胶	排名	中国	泰国	新加坡	沙特	波兰
	比重(%)	33.82	10.42	6.66	6.39	5.54
皮革产品	排名	中国	印度	越南	巴基斯坦	波兰
	比重(%)	67.70	7.55	3.98	2.49	2.24
木材	排名	中国	俄罗斯	波兰	印度尼西亚	新加坡
	比重(%)	30.42	8.59	8.48	7.51	6.13
纺织服装	排名	中国	印度	土耳其	越南	孟加拉国
	比重(%)	59.52	7.99	6.01	4.46	4.43
鞋类	排名	中国	越南	印度尼西亚	印度	斯洛伐克
	比重(%)	71.79	9.14	4.54	3.37	1.42
石料陶瓷和玻璃	排名	中国	印度	以色列	俄罗斯	泰国
	比重(%)	42.18	16.37	8.08	5.88	4.53
金属制品	排名	中国	俄罗斯	印度	波兰	土耳其
	比重(%)	42.24	9.36	5.87	5.20	4.78
机电产品	排名	中国	新加坡	马来西亚	泰国	捷克
	比重(%)	57.02	10.33	5.21	4.07	3.68
运输车辆	排名	中国	捷克	波兰	泰国	印度
	比重(%)	30.39	10.02	8.75	8.30	7.51
其他产品	排名	中国	新加坡	卡塔尔	波兰	俄罗斯
	比重(%)	51.07	12.10	3.83	3.50	3.47

资料来源：世界银行WITS数据库。

表2.8 沿线各国前五位出口产品

地区	国家	年限	出口额排名前五位的产品
中亚	哈萨克斯坦	2014	矿产、石油、金属制品、植物和蔬菜产品、化工产品
	吉尔吉斯斯坦	2013	石油、石料陶瓷和玻璃、纺织服装、植物和蔬菜产品、运输车辆
	土库曼斯坦	2000	植物和蔬菜产品、石油、其他产品、纺织服装、运输车辆
北非	埃及	2014	石油、机电产品、植物和蔬菜产品、化工产品、纺织服装
西亚	阿曼	2014	石油、矿产、金属制品、化工产品、塑料和橡胶
	巴林	2014	金属制品、化工产品、石油、机电产品、运输车辆
	伊朗	2011	其他产品、化工产品、石油、塑料和橡胶、植物和蔬菜产品
	以色列	2014	化工产品、石料陶瓷和玻璃、机电产品、塑料和橡胶、其他产品
	约旦	2014	纺织服装、植物和蔬菜产品、机电产品、矿产、化工产品
	科威特	2014	石油、运输车辆、化工产品、塑料和橡胶、机电产品
	黎巴嫩	2013	石料陶瓷和玻璃、石油、机电产品、金属制品、食品
	卡塔尔	2014	其他产品、矿产、化工产品、金属制品、石油
	沙特	2013	运输车辆、塑料和橡胶、金属制品、石油、化工产品
	叙利亚	2010	食品、植物和蔬菜产品、纺织服装、石油、化工产品
	土耳其	2014	运输车辆、纺织服装、机电产品、石料陶瓷和玻璃、金属制品
	也门	2013	植物和蔬菜产品、石油、食品、其他产品、动物产品
	阿富汗	2014	其他产品、植物和蔬菜产品、纺织服装、动物产品
	阿塞拜疆	2014	石油、其他产品、植物和蔬菜产品、食品、塑料和橡胶
	格鲁吉亚	2014	化工产品、矿产、运输车辆、金属制品、食品
	亚美尼亚	2014	食品、金属制品、矿产、石料陶瓷和玻璃、石油
中东欧	阿尔巴尼亚	2014	其他产品、鞋类产品、纺织服装、矿产、木材
	波黑	2014	金属制品、其他产品、机电产品、木材、石油
	捷克	2014	机电产品、运输车辆、金属制品、其他产品、塑料和橡胶
	爱沙尼亚	2014	机电产品、其他产品、石油、木材、金属制品
	克罗地亚	2014	机电产品、石油、化工产品、木材、金属制品
	匈牙利	2014	机电产品、运输车辆、其他产品、化工产品、塑料和橡胶
	立陶宛	2014	石油、机电产品、其他产品、化工产品、植物和蔬菜产品
	拉脱维亚	2014	木材、机电产品、其他产品、食品、金属制品

续表1

地区	国家	年限	出口额排名前五位的产品
中东欧	马其顿	2014	化工产品、机电产品、金属制品、纺织服装、食品
	黑山	2014	金属制品、石油、动物产品、食品、木材
	罗马尼亚	2014	机电产品、运输车辆、金属制品、其他产品、纺织服装
	斯洛伐克	2014	机电产品、运输车辆、金属制品、塑料和橡胶、石油
	塞尔维亚	2014	植物和蔬菜产品、金属制品、塑料和橡胶、运输车辆、机电产品
	斯洛文尼亚	2014	机电产品、化工产品、运输车辆、金属制品、塑料和橡胶
	白俄罗斯	2014	动物产品、石油、运输车辆、机电产品、化工产品
	俄罗斯	2014	石油、其他产品、金属制品、石料陶瓷和玻璃、化工产品
	乌克兰	2014	矿产、金属制品、植物和蔬菜产品、机电产品、食品
	摩尔多瓦	2014	植物和蔬菜产品、食品、纺织服装、机电产品、化工产品
南亚	孟加拉国	2011	皮革产品、鞋类产品、石油、动物产品、纺织服装
	巴基斯坦	2014	矿产、食品、纺织服装、皮革产品、植物和蔬菜产品
	印度	2014	石油、运输车辆、化工产品、石料陶瓷和玻璃、纺织服装
	斯里兰卡	2014	石料陶瓷和玻璃、纺织服装、植物和蔬菜产品、机电产品、塑料和橡胶
	不丹	2012	金属制品、石油、矿产、化工产品、植物和蔬菜产品
	马尔代夫	2014	机电产品、金属制品、动物产品、塑料和橡胶、食品
	尼泊尔	2013	纺织服装、金属制品、植物和蔬菜产品、食品、其他产品
东南亚	文莱	2014	金属制品、其他产品、化工产品、机电产品、石油
	印度尼西亚	2014	塑料和橡胶、纺织服装、植物和蔬菜产品、机电产品、石油
	东帝汶	2013	运输车辆、植物和蔬菜产品、机电产品、木材、纺织服装
	缅甸	2010	纺织服装、石料陶瓷和玻璃、植物和蔬菜产品、木材、石油
	马来西亚	2014	石油、植物和蔬菜产品、机电产品、其他产品、塑料和橡胶
	菲律宾	2014	木材、植物和蔬菜产品、其他产品、运输车辆、机电产品
	新加坡	2014	化工产品、石油、机电产品、其他产品、塑料和橡胶
	泰国	2014	塑料和橡胶、机电产品、运输车辆、食品、化工产品
	越南	2013	鞋类产品、石油、植物和蔬菜产品、机电产品、纺织服装
东北亚	中国	2014	其他产品、纺织服装、金属制品、机电产品、石料陶瓷和玻璃
	蒙古	2014	纺织服装、机电产品、石油、石料陶瓷和玻璃、矿产

资料来源：世界银行WITS数据库。

地区主要出口纺织产品和机电产品。其中，中国出口额排名前五的产品为：其他产品、纺织服装、金属制品、机电产品、石料陶瓷和玻璃。

2.1.3 各国进口商品结构

(1) 大类商品分析

表2.9列出了沿线各地区四大类产品进口总额及其在每类产品出口总额中所占比重。其中，原材料进口国主要集中在东北亚（占沿线国家的46.97%）、南亚（占沿线国家的19.01%）和东南亚（占沿线国家的13.66%），资本产品进口国主要集中在东北亚（占沿线国家的39.31%）和东南亚（占沿线国家的23.54%），中间产品进口国主要集中在东北亚（占沿线国家的29.31%）和东南亚（占沿线国家的21.52%），消费产品进口国主要集中在中东欧（占沿线国家的30.47%）和东南亚地区（占沿线国家的24.28%）。

表2.9 2014年沿线各国各大类商品进口总额及所占比重

地区		原材料	资本产品	中间产品	消费产品	全部产品
东北亚	W1(万亿美元)	0.526	0.734	0.379	0.235	1.963
	N1(%)	46.970	39.310	29.310	18.180	33.890
中东欧	W2(万亿美元)	0.126	0.382	0.232	0.393	1.171
	N2(%)	11.26	20.450	17.920	30.470	20.220
东南亚	W3(万亿美元)	0.153	0.440	0.278	0.313	1.198
	N3(%)	13.660	23.540	21.520	24.280	20.690
中亚	W4(万亿美元)	0.003	0.016	0.009	0.020	0.049
	N4(%)	0.240	0.880	0.700	1.560	0.850
南亚	W5(万亿美元)	0.213	0.094	0.177	0.080	0.577
	N5(%)	19.010	5.020	13.690	6.210	9.960
西亚	W6(万亿美元)	0.084	0.189	0.197	0.228	0.762
	N6(%)	7.510	10.110	15.200	17.700	13.160
北非	W7(万亿美元)	0.015	0.013	0.022	0.021	0.071
	N7(%)	1.340	0.690	1.670	1.610	1.230
沿线各国合计	W总(万亿美元)	1.120	1.868	1.294	1.290	5.791
	N总(%)	100	100	100	100	100

资料来源：世界银行WITS数据库。

图2.10列出了2014年沿线原材料产品进口额排名前10位的国家。其中，中国原材料进口额占其全年总进口额的26.83%，印度和泰国分别

达到43.48%和17.39%。在前10位进口国中，除中国外其余9个国家的原材料进口额之和低于中国一国的原材料进口额，表明中国是沿线乃至世界原材料需求大国。

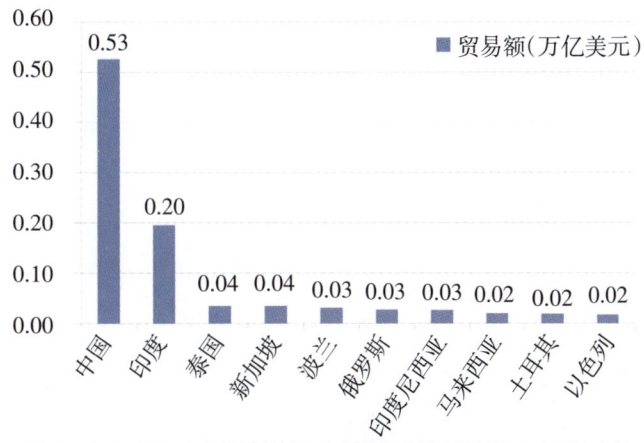

图2.10　2014年沿线原材料产品进口额排名前10位的国家

资料来源：世界银行WITS数据库。

图2.11列出了2014年沿线资本产品进口总额排名前10位的国家。其中，新加坡资本产品进口额占其总进口额的40.54%，中国为37.24%。值得关注的是，中国一国的资本产品进口额仅略低于其他9国资本品进口额之和。

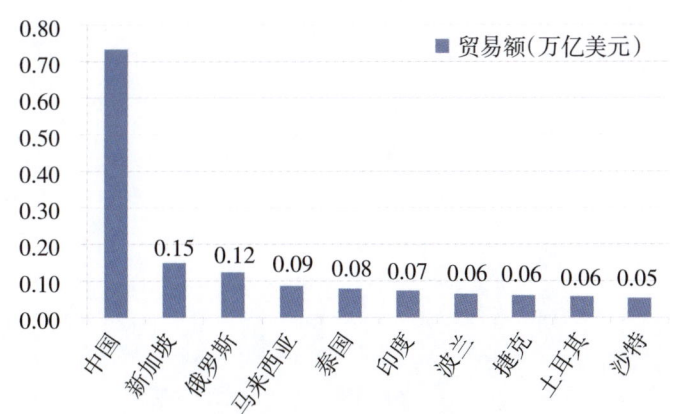

图2.11　2014年沿线资本产品进口总额排名前10位的国家

资料来源：世界银行WITS数据库。

图2.12列出了2014年沿线中间产品进口额排名前10位的国家。其中，越南中间产品进口额占其全年进口总额的36.53%，印度为28.26%，

中国为 19.39%。在中间产品的进口方面，中国以 0.38 万亿美元的进口额排名第一位，是排名第二位的印度的中间产品进口额的 2.9 倍。除中国与印度外，其他 8 国的中间产品进口额差距并不大。

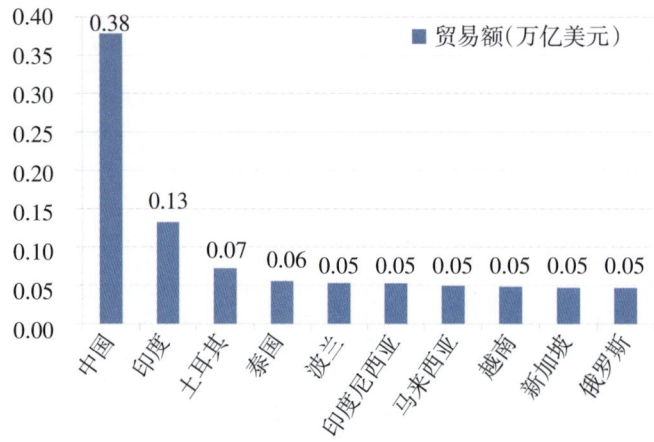

图 2.12　2014 年沿线中间产品进口总额排名前 10 位的国家

资料来源：世界银行 WITS 数据库。

图 2.13 列出了 2014 年沿线消费品进口总额排名前 10 位的国家。俄罗斯消费品进口额占其全年进口总额的 35.48%，沙特为 34.77%，中国为 11.73%。中国以 0.23 万亿美元的消费品进口额排名第一位，是排在第二位的新加坡的消费品进口额的将近两倍。

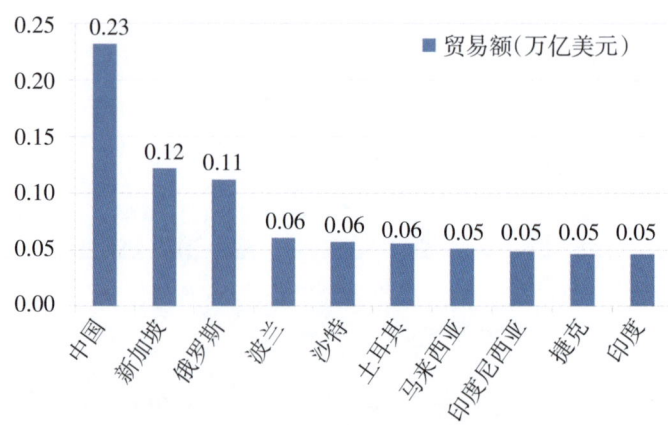

图 2.13　2014 年沿线消费品进口总额排名前 10 位的国家

资料来源：世界银行 WITS 数据库。

(2) 细类商品分析

表 2.10 列出了 2014 年沿线细类产品进口排名前五位的国家及其进口额在沿线各国该类产品进口总额中的比重。除了石料陶瓷和玻璃产品及鞋类产品外，中国在其他细类产品进口额排名中均居首位。

表 2.10 2014 年沿线细类产品进口排名前五位的国家及占比情况

产品类别		细类产品进口额排名前五位的国家（按从左至右的顺序排列）				
动物产品	排名	中国	俄罗斯	沙特	波兰	泰国
	比重(%)	21.83	15.68	6.59	6.26	4.04
植物和蔬菜产品	排名	中国	印度	俄罗斯	沙特	埃及
	比重(%)	32.31	7.91	6.82	4.69	4.11
食品	排名	中国	俄罗斯	波兰	沙特	印度尼西亚
	比重(%)	11.92	9.78	5.65	5.36	5.27
矿产	排名	中国	印度	俄罗斯	保加利亚	沙特
	比重(%)	77.38	5.62	1.80	1.07	1.07
石油	排名	中国	印度	新加坡	泰国	印度尼西亚
	比重(%)	32.16	17.96	11.52	4.88	4.46
化工产品	排名	中国	印度	俄罗斯	波兰	土耳其
	比重(%)	28.08	8.58	7.58	4.87	4.53
塑料和橡胶	排名	中国	土耳其	波兰	俄罗斯	印度
	比重(%)	32.57	5.98	5.80	5.72	5.34
皮革产品	排名	中国	俄罗斯	新加坡	波兰	越南
	比重(%)	40.81	5.41	5.18	5.05	4.88
木材	排名	中国	印度	波兰	俄罗斯	土耳其
	比重(%)	34.62	5.77	5.58	5.45	4.13
纺织服装	排名	中国	俄罗斯	土耳其	越南	孟加拉国
	比重(%)	20.44	7.50	7.36	7.30	5.67
鞋类	排名	俄罗斯	中国	波兰	斯洛伐克	土耳其
	比重(%)	21.45	11.66	7.53	4.91	4.85
石料陶瓷和玻璃	排名	印度	中国	新加坡	泰国	以色列
	比重(%)	29.70	24.78	5.60	5.40	5.07
金属制品	排名	中国	土耳其	泰国	印度	波兰
	比重(%)	23.12	6.89	6.37	6.07	5.15
机电产品	排名	中国	新加坡	俄罗斯	马来西亚	泰国
	比重(%)	38.33	8.88	5.93	4.84	4.34
运输车辆	排名	中国	俄罗斯	沙特	波兰	土耳其
	比重(%)	28.38	11.68	6.41	5.39	4.65
其它产品	排名	中国	土耳其	新加坡	印度	俄罗斯
	比重(%)	45.94	9.78	4.78	4.50	4.28

资料来源：世界银行 WITS 数据库。

(3) 各国前五大进口商品分析

表 2.11 列出了沿线各国进口额排名前五位的商品名单。从表中我们能够大致看出各地区进口需求情况。中东欧国家进口需求主要集中在化工产品、金属制品及运输车辆上。东北亚国家的进口需求主要集中在金属制品、化工产品、石油产品上。其中，中国 2014 年进口额排名前五位的产品为机电产品、矿产、石油、化工产品及其他产品。

表 2.11 沿线各国进口额排名前五位的产品名单

地区名称	国家	年份	进口额排名前五位的产品（按从左到右的顺序排列）				
南亚	巴基斯坦	2014	石油	机电产品	金属制品	植物和蔬菜产品	化工产品
	孟加拉国	2011	化工产品	机电产品	纺织服装	植物和蔬菜产品	石油
	印度	2014	石油	机电产品	石料陶瓷和玻璃	化工产品	金属制品
	斯里兰卡	2014	纺织服装	化工产品	机电产品	运输车辆	石油
	马尔代夫	2014	动物产品	石油	食品	机电产品	植物和蔬菜产品
	不丹	2012	金属制品	石油	机电产品	植物和蔬菜产品	运输车辆
	尼泊尔	2013	石油	植物和蔬菜产品	金属制品	机电产品	化工产品
中东欧	阿尔巴尼亚	2014	其他产品	石油	纺织服装	机电产品	运输车辆
	波兰	2014	石油	金属制品	机电产品	运输车辆	化工产品
	保加利亚	2014	金属制品	机电产品	化工产品	石油	其他产品
	捷克	2014	化工产品	石油	运输车辆	金属制品	机电产品
	波黑	2014	石油	机电产品	化工产品	金属制品	食品
	爱沙尼亚	2014	机电产品	石油	其他产品	运输车辆	化工产品
	克罗地亚	2014	石油	机电产品	化工产品	金属制品	纺织服装
	立陶宛	2014	石油	机电产品	化工产品	运输车辆	其他产品
	匈牙利	2014	化工产品	机电产品	运输车辆	石油	其他产品
	拉脱维亚	2014	机电产品	石油	其他产品	化工产品	金属制品
	马其顿	2014	石料陶瓷和玻璃	石油	机电产品	金属制品	化工产品
	黑山	2014	石油	机电产品	食品	化工产品	动物产品
	塞尔维亚	2014	运输车辆	机电产品	化工产品	石油	其他产品

续表 1

地区名称	国家	年份	进口额排名前五位的产品（按从左到右的顺序排列）				
中东欧	罗马尼亚	2014	机电产品	金属制品	化工产品	石油	运输车辆
	斯洛伐克	2014	机电产品	运输车辆	金属制品	其他产品	化工产品
	斯洛文尼亚	2014	机电产品	石油	金属制品	运输车辆	化工产品
	白俄罗斯	2014	化工产品	机电产品	金属制品	石油	其他产品
	俄罗斯	2014	金属制品	机电产品	化工产品	其他产品	运输车辆
	乌克兰	2014	石油	塑料和橡胶	金属制品	化工产品	机电产品
	摩尔多瓦	2014	机电产品	石油	其他产品	化工产品	纺织服装
东北亚	中国	2014	机电产品	矿产	石油	化工产品	其他产品
	蒙古	2014	金属制品	机电产品	运输车辆	食品	石油
东南亚	文莱	2014	运输车辆	石油	金属制品	机电产品	化工产品
	印度尼西亚	2014	机电产品	石油	塑料和橡胶	金属制品	化工产品
	柬埔寨	2013	石油	纺织服装	机电产品	运输车辆	木材
	缅甸	2010	机电产品	纺织服装	石油	运输车辆	金属制品
	马来西亚	2014	石油	金属制品	运输车辆	机电产品	化工产品
	菲律宾	2014	食品	运输车辆	化工产品	机电产品	石油
	新加坡	2014	机电产品	化工产品	其他产品	石油	石油
	泰国	2014	化工产品	运输车辆	金属制品	机电产品	石油
	东帝汶	2013	运输车辆	石油	纺织服装	食品	机电产品
	越南	2013	纺织服装	机电产品	金属制品	石油	化工产品
西亚	伊朗	2011	化工产品	植物和蔬菜产品	金属制品	其他产品	机电产品
	巴林	2014	石油	化工产品	机电产品	运输车辆	矿产
	以色列	2014	化工产品	运输车辆	石油	石料陶瓷和玻璃	机电产品
	约旦	2014	运输车辆	植物和蔬菜产品	化工产品	机电产品	石油
	科威特	2014	金属制品	化工产品	石料陶瓷和玻璃	机电产品	运输车辆
	黎巴嫩	2013	运输车辆	化工产品	石油	机电产品	石料陶瓷和玻璃
	阿曼	2014	运输车辆	金属制品	化工产品	机电产品	石油
	卡塔尔	2014	运输车辆	金属制品	化工产品	机电产品	其他产品

续表 2

地区名称	国家	年份	进口额排名前五位的产品（按从左到右的顺序排列）				
西亚	沙特	2013	植物和蔬菜产品	化工产品	金属制品	机电产品	运输车辆
	叙利亚	2010	金属制品	机电产品	植物和蔬菜产品	石油	食品
	土耳其	2014	化工产品	金属制品	机电产品	石油	其他产品
	也门	2013	食品	运输车辆	机电产品	植物和蔬菜产品	其他产品
	阿富汗	2014	其他产品	石油	植物和蔬菜产品	纺织服装	石料陶瓷和玻璃
	格鲁吉亚	2014	食品	石油	运输车辆	化工产品	机电产品
	阿塞拜疆	2014	运输车辆	机电产品	化工产品	食品	金属制品
	亚美尼亚	2014	石油	机电产品	石料陶瓷和玻璃	食品	化工产品
中亚	哈萨克斯坦	2014	化工产品	机电产品	金属制品	运输车辆	石油
	吉尔吉斯斯坦	2013	石油	运输车辆	机电产品	金属制品	化工产品
	土库曼斯坦	2000	化工产品	运输车辆	机电产品	其他产品	金属制品
北非	埃及	2014	植物和蔬菜产品	石油	金属制品	化工产品	机电产品

资料来源：世界银行 WITS 数据库。

2.2 沿线各国贸易流向

2.2.1 沿线国家区域内贸易概况

据世界银行 WITS 数据库，"一带一路"沿线国家区域内进出口总额约为 4.07 万亿美元，而"一带一路"沿线国家进出口总额约为 10.40 万亿美元，区域内贸易约占沿线国家外贸总额的 39.13%。换句话说，"一带一路"沿线国家接近 40% 的对外贸易活动发生"一带一路"区域内。

2.2.2 区域内各国外贸依存度

本部分分别测算了"一带一路"沿线各国在区域内市场中的外贸依存度及沿线各国在世界市场中的外贸依存度。计算公式分别是：各国在区域内市场中的外贸依存度=各国区域内进出口总额／该国 GDP；各国在世界市场中的外贸依存度=各国进出口总额／该国 GDP。

表 2.12 列出了沿线国家外贸依存度的测算结果，其中新加坡区域内外贸依存度达到 68.02%，位居首位，蒙古、立陶宛、阿曼、斯洛伐克分列第二至第五位，区域内外贸依存度分别达到 43.13%、40.34%、40.06%、35.21%。中国的区域内外贸依存度仅为 6.15%，反映出中国与"一带一路"沿线国家跨境贸易潜力巨大，存在较大的发展空间。

表 2.12　2014 年沿线各国外贸对区域内市场及世界市场开放程度的比较

国家和地区	区域内外贸依存度（%）	世界外贸依存度（%）
新加坡	68.02	252.07
蒙古	43.13	91.64
立陶宛	40.34	139.62
阿曼	40.06	96.80
斯洛伐克	35.21	168.12
马来西亚	34.89	131.03
白俄罗斯	34.04	101.23
乌克兰	30.06	82.34
匈牙利	28.68	155.55
泰国	26.92	112.52
不丹	26.69	69.69
拉脱维亚	26.35	102.21
捷克	25.57	158.82
卡塔尔	25.55	81.31
爱沙尼亚	25.35	129.18
越南	24.42	160.97
斯洛文尼亚	23.17	141.73
保加利亚	22.64	112.86
巴林	20.09	101.56
摩尔多瓦	19.56	96.16
文莱	18.32	81.26
塞尔维亚	18.12	80.36
吉尔吉斯斯坦	16.02	94.54
波黑	15.12	92.32

续表 1

国家和地区	区域内外贸依存度（%）	世界外贸依存度（%）
马其顿	14.89	107.83
约旦	14.54	86.75
哈萨克斯坦	14.14	54.83
格鲁吉亚	13.03	69.31
阿塞拜疆	12.37	51.07
波兰	12.11	79.77
克罗地亚	12.00	62.89
柬埔寨	11.21	144.83
俄罗斯	10.71	43.25
印度尼西亚	9.60	39.89
土耳其	8.77	50.08
缅甸	8.49	50.91
亚美尼亚	7.96	50.85
印度	7.03	37.97
黑山	7.01	61.38
菲律宾	6.62	45.26
伊朗	6.29	33.10
中国	6.15	41.56
黎巴嫩	4.86	56.16
以色列	4.74	46.93
斯里兰卡	4.43	39.14
巴基斯坦	4.31	29.70
阿尔巴尼亚	4.19	57.96
埃及	4.14	33.01
土库曼斯坦	3.91	58.00
科威特	3.55	86.87
尼泊尔	3.35	43.22
马尔代夫	1.99	76.11
阿富汗	1.98	41.60
孟加拉国	1.78	41.98
东帝汶	1.61	67.75

资料来源：世界银行 WITS 数据库。

注：表中未含的沿线其他国家 2014 年数据缺失。

2.2.3 区域内各国与中国的双边贸易

表 2.13 列出了中国在区域内的主要贸易伙伴。表中分别列出了中国的区域内主要进口来源地与区域内主要出口目的地。表中数据显示：2014 年中国主要区域内进口来源地包括马来西亚（557 亿美元）、沙特（485 亿美元）、俄罗斯（416 亿美元）、泰国（383 亿美元）、新加坡（308 亿美元）等。中国主要区域内出口目的地包括越南（637 亿美元）、印度（542 亿美元）、俄罗斯（537 亿美元）、新加坡（489 亿美元）、马来西亚（464 亿美元）等。

表 2.13 中国在"一带一路"沿线的主要贸易伙伴

区域内主要进口来源地	进口额（亿美元）	在进口总额中所占比重（%）	区域内主要出口目的地	出口额（亿美元）	在出口总额中所占比重（%）
马来西亚	557	2.84	越南	637	2.72
沙特	485	2.48	印度	542	2.31
俄罗斯	416	2.13	俄罗斯	537	2.29
泰国	383	1.96	新加坡	489	2.09
新加坡	308	1.57	马来西亚	464	1.98
伊朗	275	1.40	印度尼西亚	391	1.67
印度尼西亚	245	1.25	阿联酋	390	1.67
阿曼	238	1.22	泰国	343	1.46
菲律宾	210	1.07	伊朗	243	1.04
伊拉克	208	1.06	菲律宾	235	1

资料来源：世界银行 WITS 数据库。

表 2.14 中国在区域外主要贸易伙伴

区域外主要进口来源地	进口额（万亿美元）	在进口总额中所占比重（%）	区域外主要出口目的地	出口额（万亿美元）	在出口总额中所占比重（%）
韩国	0.190	9.71	美国	0.397	16.95
日本	0.163	8.32	中国香港	0.363	15.50
美国	0.160	8.16	日本	0.149	6.38
德国	0.105	5.36	韩国	0.100	4.28
澳大利亚	0.098	4.99	德国	0.073	3.10
巴西	0.052	2.64	荷兰	0.065	2.77
南非	0.045	2.28	英国	0.057	2.44
瑞士	0.040	2.06	澳大利亚	0.039	1.67
安哥拉	0.031	1.59	巴西	0.035	1.49
法国	0.027	1.36	墨西哥	0.032	1.38

资料来源：世界银行 WITS 数据库。

表 2.14 列出了中国在区域外的主要进口来源地和出口目的地。不难发现，韩国、日本、美国、德国、澳大利亚等是中国在区域外的主要进口来源地，而美国、中国香港、日本、韩国、德国等则是中国在区域外的主要出口目的地。

2.3 沿线国家优势出口产业

2.3.1 显示性比较优势指数测算

显示性比较优势指数（RCA），反映了一个国家或地区某类产品出口相对于其他产品的比较优势。RCA 大于 1 通常表示该产品具有比较优势。表 2.15 列出了"一带一路"沿线国家 RCA 排名前 10 位的行业（剔除了 RCA 小于 1 的行业）。限于篇幅，本部分重点讨论货物和服务出口前 10 位的"一带一路"沿线国家。

表 2.15 沿线各国 RCA 指数排名前 10 位的行业

哈萨克斯坦	产品类别	石油	矿产	金属制品						
	RCA	4.77	2.03	1.41						
吉尔吉斯斯坦(2013)	产品类别	植物和蔬菜产品	皮革产品	纺织服装	石料陶瓷和玻璃	金属制品	动物产品	矿产	食品	化工产品
	RCA	6	5.8	4.58	2.33	1.94	1.72	1.59	1.2	1.15
土库曼斯坦	产品类别	石油	纺织服装							
	RCA	6.02	2.5							
阿塞拜疆	产品类别	石油								
	RCA	5.92								
格鲁吉亚	产品类别	矿产	食品	金属制品	植物和蔬菜产品	纺织服装	石油			
	RCA	4.9	3.69	3.22	3.05	1.56	1.47			
乌克兰	产品类别	植物和蔬菜产品	矿产	金属制品	食品	木材				
	RCA	8.2	6.6	4.12	1.84	1.84				

续表 1

亚美尼亚	产品类别	矿产	石料陶瓷和玻璃	金属制品	纺织服装	食品				
	RCA	21.24	4.08	3.89	2.18	1.75				
白俄罗斯	产品类别	化工产品	石油	木材	金属制品					
	RCA	2.53	2.52	2.17	1.31					
摩尔多瓦	产品类别	植物和蔬菜产品	鞋类产品	纺织服装	食品	皮革产品	金属制品			
	RCA	9.55	5.23	4.22	3.95	3.02	1.42			
俄罗斯	产品类别	石油	金属制品							
	RCA	3.86	1.2							
阿尔巴尼亚	产品类别	鞋类产品	矿产	纺织服装	皮革产品	金属制品	石油	木材	植物和蔬菜产品	
	RCA	23.52	5.8	4.45	2	1.76	1.49	1.48	1.1	
保加利亚	产品类别	金属制品	植物和蔬菜产品	纺织服装	鞋类产品	食品	木材			
	RCA	3.03	2.9	2.75	1.59	1.44	1.12			
波黑	产品类别	鞋类产品	木材	金属制品	皮革产品	纺织服装	其他产品	植物和蔬菜产品	食品	
	RCA	13.47	4.46	2.76	2.37	1.86	1.05	1.01	1	
捷克	产品类别	运输车辆	金属制品	木材	机电产品	塑料和橡胶	其他产品			
	RCA	2.33	1.39	1.38	1.36	1.32	1.14			
爱沙尼亚	产品类别	木材	动物产品	其他产品	机电产品	金属制品				
	RCA	5	1.77	1.67	1.16	1				
克罗地亚	产品类别	木材	鞋类产品	食品	皮革产品	纺织服装	动物产品	金属制品	矿产	其他产品	石料陶瓷和玻璃
	RCA	3.57	2.5	2.42	2.24	1.98	1.57	1.33	1.08	1.06	1.04
匈牙利	产品类别	运输车辆	机电产品	塑料和橡胶	食品	动物产品	其他产品	植物和蔬菜产品		
	RCA	1.74	1.57	1.35	1.15	1.06	1.05	1.03		

续表2

立陶宛	产品类别	动物产品	食品	木材	植物和蔬菜产品	塑料和橡胶	其他产品	石油	化工产品	纺织服装
	RCA	3.03	2.39	2.26	1.72	1.65	1.62	1.28	1.16	1.16
拉脱维亚	产品类别	木材	食品	动物产品	植物和蔬菜产品	石油	金属制品	其他产品		
	RCA	7.99	2.33	1.89	1.22	1.13	1.12	1.07		
马其顿	产品类别	纺织服装	食品	鞋类产品	矿产	化工产品	金属制品	植物和蔬菜产品		
	RCA	4.53	2.77	2.57	2.51	2.49	2.19	1.08		
黑山	产品类别	矿产	金属制品	植物和蔬菜产品	运输车辆	木材	皮革产品	动物产品	食品	
	RCA	7.66	3.69	2.58	2.39	2.01	1.78	1.59	1.3	
波兰	产品类别	动物产品	木材	食品	金属制品	塑料和橡胶	其他产品	运输车辆	皮革产品	机电产品
	RCA	2.31	2.21	2.07	1.56	1.5	1.4	1.29	1.1	1.01
罗马尼亚	产品类别	鞋类产品	纺织服装	植物和蔬菜产品	木材	运输车辆	金属制品	塑料和橡胶	皮革产品	机电产品
	RCA	4.37	2.36	1.82	1.56	1.54	1.32	1.29	1.14	1.08
塞尔维亚	产品类别	植物和蔬菜产品	食品	鞋类产品	木材	金属制品	塑料和橡胶	运输车辆	纺织服装	皮革产品
	RCA	3.07	2.95	2.35	2.13	1.82	1.78	1.58	1.38	1.17
斯洛伐克	产品类别	运输车辆	金属制品	木材	鞋类产品	塑料和橡胶	机电产品			
	RCA	3	1.63	1.37	1.35	1.25	1.16			
斯洛文尼亚	产品类别	木材	金属制品	运输车辆	塑料和橡胶	化工产品	其他产品			
	RCA	2.33	1.84	1.63	1.47	1.4	1.12			
中国	产品类别	鞋类产品	纺织服装	皮革产品	机电产品	其他产品				
	RCA	3.38	2.46	2.4	2.07	1.33				
蒙古	产品类别	矿产	石油	石料陶瓷和玻璃						
	RCA	33.94	1.78	1.73						

续表 3

阿富汗	产品类别	植物和蔬菜产品	纺织服装	其他产品						
	RCA	14.91	2.9	1.24						
斯里兰卡	产品类别	纺织服装	植物和蔬菜产品	塑料和橡胶	石料陶瓷和玻璃	动物产品				
	RCA	13.95	3.89	2.34	1.59	1.25				
马尔代夫	产品类别	动物产品	食品							
	RCA	44.62	2.38							
孟加拉国	产品类别	纺织服装	鞋类产品	皮革产品	动物产品					
	RCA	23.42	2.94	2.3	1.43					
不丹	产品类别	金属制品	化工产品	木材						
	RCA	10.74	1.52	1.26						
印度	产品类别	纺织服装	石料陶瓷和玻璃	皮革产品	鞋类产品	植物和蔬菜产品	化工产品	动物产品	金属制品	矿产
	RCA	3.71	3.67	2.97	1.91	1.89	1.55	1.37	1.17	1.05
尼泊尔	产品类别	纺织服装	鞋类产品	皮革产品	食品	植物和蔬菜产品	金属制品	塑料和橡胶		
	RCA	9.4	6.33	4.21	3.84	3.44	1.96	1.63		
巴基斯坦	产品类别	纺织服装	皮革产品	植物和蔬菜产品	矿产					
	RCA	16.06	9.16	2.91	1.56					
巴林	产品类别	金属制品	石油	纺织服装						
	RCA	3.68	3.29	1.2						
埃及	产品类别	纺织服装	植物和蔬菜产品	石油	矿产	皮革产品	塑料和橡胶	化工产品		
	RCA	3.78	2.4	2.36	1.76	1.39	1.28	1.03		
伊朗	产品类别	石油	矿产	其他产品						
	RCA	4.26	1.55	1.21						
以色列	产品类别	石料陶瓷和玻璃	化工产品	其他产品	塑料和橡胶					
	RCA	7.09	2.23	1.12	1.01					

续表 4

	产品类别									
以色列	产品类别	石料陶瓷和玻璃	化工产品	其他产品	塑料和橡胶					
	RCA	7.09	2.23	1.12	1.01					
沙特	产品类别	石油	塑料和橡胶							
	RCA	4.84	1.22							
黎巴嫩	产品类别	石料陶瓷和玻璃	食品	植物和蔬菜产品	金属制品	木材	动物产品	皮革产品		
	RCA	4.89	3.55	3.28	2.74	2.68	1.35	1.23		
叙利亚	产品类别	石油	纺织服装	植物和蔬菜产品	动物产品	矿产	皮革产品			
	RCA	3.97	2.94	2.31	1.98	1.58	1.43			
阿曼	产品类别	石油	矿产							
	RCA	5.1	1.18							
卡塔尔	产品类别	石油								
	RCA	5.43								
约旦	产品类别	纺织服装	矿产	化工产品	植物和蔬菜产品	动物产品				
	RCA	7.34	6.69	3.86	1.14	1.05				
科威特	产品类别	石油								
	RCA	5.67								
土耳其	产品类别	纺织服装	矿产	金属制品	运输车辆	植物和蔬菜产品	食品	石料陶瓷和玻璃	塑料和橡胶	皮革产品
	RCA	5.8	1.85	1.77	1.67	1.3	1.28	1.2	1.19	1.19
也门(2013)	产品类别	石油	动物产品							
	RCA	5.25	1.2							
文莱	产品类别	石油								
	RCA	5.8								

续表 5

	产品类别	植物和蔬菜产品	鞋类产品	木材	纺织服装	石油	矿产	塑料和橡胶	动物产品	食品
印度尼西亚	RCA	4.34	4.14	2.23	2.09	1.66	1.63	1.3	1.14	1.11
缅甸	产品类别	植物和蔬菜产品	木材	动物产品	石油	纺织服装	矿产	鞋类产品		
	RCA	6.58	5.52	2.88	2.58	2.2	2.06	1.87		
马来西亚	产品类别	机电产品	植物和蔬菜产品	石油	塑料和橡胶					
	RCA	1.98	1.79	1.22	1.17					
泰国	产品类别	塑料和橡胶	食品	植物和蔬菜产品	机电产品	石料陶瓷和玻璃	运输车辆			
	RCA	2.74	2.17	1.63	1.5	1.28	1.08			
越南	产品类别	鞋类产品	纺织服装	皮革产品	植物和蔬菜产品	动物产品	机电产品			
	RCA	11.45	4.3	3.08	2	1.71	1.53			
菲律宾	产品类别	矿产	机电产品	植物和蔬菜产品						
	RCA	3.25	2.53	1.66						
新加坡	产品类别	化工产品	石油	机电产品	塑料和橡胶					
	RCA	1.66	1.54	1.42	1.2					

资料来源：世界银行 WITS 数据库。

中国作为沿线国家中最大的出口国，其 RCA 指数排名前五位的行业分别为鞋类产品、纺织服装、皮革产品、机电产品、其他产品，排名前五位的行业的 RCA 指数平均值为 2.33。其中，中国的鞋类产品具有明显的比较优势，RCA 指数达到 3.38，接近平均值的 1.5 倍。

新加坡 RCA 指数排名前四位的行业分别为化工产品、石油、机电产品、塑料和橡胶，排名前四位的行业 RCA 平均值为 1.46。其中，化工产品 RCA 指数最高，达到 1.66，具有较明显的比较优势。

印度 RCA 指数排名前九位的行业分别为纺织服装、石料陶瓷和玻璃、皮革产品、鞋类产品、植物和蔬菜产品、化工产品、动物产品、金属制品、矿产，前九位行业 RCA 指数平均值为 2.14。其中，纺织服装的 RCA 指数高达 3.71，具有明显的比较优势。

2.3.2 区域内重点贸易商品分析

（1）资源能源类商品进口与出口概况

本部分以矿产品和石油产品为例，分析 2014 年沿线资源能源类商品进出口排名前 10 位国家的情况。

2014 年"一带一路"沿线矿产品出口总额为 457.32 亿美元，如表 2.16 所示，排名前 10 位的国家出口总额达到 339.14 亿美元，占比 74.16%。"一带一路"沿线矿产品进口总额为 1823.61 亿美元，排名前 10 位的国家进口总额为 1667.78 亿美元，占比 91.45%。

作为沿线矿产品进出口总额均排名第一的国家，中国对矿产品进口需求旺盛，其进口额约为出口额的 33 倍。

表 2.16　2014 年沿线矿产品进出口额排名前 10 位的国家

出口国	出口额（亿美元）	占沿线国家本行业总出口比重（%）	进口国	进口额（亿美元）	占沿线国家本行业总进口比重（%）
俄罗斯	50.44	11.03	中国	1411.0	77.38
中国	42.22	9.23	印度	102.51	5.62
乌克兰	40.92	8.95	俄罗斯	32.74	1.80
土耳其	39.51	8.64	保加利亚	19.59	1.07
印度	33.47	7.32	沙特阿拉伯	19.51	1.07
蒙古	32.95	7.21	波兰	18.73	1.03
哈萨克斯坦	31.37	6.86	马来西亚	17.44	0.96
菲律宾	28.91	6.32	土耳其	15.77	0.86
印度尼西亚	20.61	4.51	印度尼西亚	15.74	0.86
伊朗	18.74	4.10	阿曼	14.71	0.81

资料来源：世界银行 WITS 数据库。

2014 年"一带一路"沿线石油出口总额为 15147.96 亿美元，从表 2.17 可以看出，排名前 10 位的国家出口总额为 12890.35 亿美元，占比 85.10%。"一带一路"沿线石油进口总额为 9853.06 亿美元，排名前 10 位的国家进口总额为 8079.43 亿美元，占比 82.00%。

其中，俄罗斯为"一带一路"沿线最大的石油出口国，接近沿线国家石油出口的 1/4。作为"一带一路"沿线最大的石油进口国，中国的进口额高达 3168.37 亿美元，接近沿线国家石油进口的 1/3。

表 2.17 2014 年沿线石油进出口额排名前 10 位的国家

出口国	出口额（亿美元）	占沿线国家本行业总出口比重（%）	进口国	进口额（亿美元）	占沿线国家本行业总进口比重（%）
俄罗斯	3270.36	24.56	中国	3168.37	32.16
沙特	3219.30	21.25	印度	1769.49	17.96
卡塔尔	1138.99	7.52	新加坡	1134.94	11.52
科威特	945.27	6.24	泰国	480.84	4.88
伊朗	920.46	6.08	印度尼西亚	439.47	4.46
新加坡	686.88	4.53	马来西亚	351.42	3.57
印度	623.49	4.12	波兰	234.11	2.38
哈萨克斯坦	606.96	4.01	土耳其	201.41	2.04
马来西亚	517.31	3.42	乌克兰	151.16	1.53
印度尼西亚	511.33	3.38	巴基斯坦	148.22	1.50

资料来源：世界银行 WITS 数据库。

（2）一般制造业产品进口与出口概况

本部分以纺织服装、鞋类、金属制品为例，分析 2014 年沿线一般制造业产品进出口排名前 10 位国家的情况。

2014 年"一带一路"沿线纺织服装产品出口总额为 4833.21 亿美元，如表 2.18 所示，排名前 10 位的国家出口总额为 4444.70 亿美元，占比

表 2.18 2014 年沿线纺织服装进出口额排名前 10 位的国家

出口国	贸易额（亿美元）	占沿线国家本行业总出口比重（%）	进口国	贸易额（亿美元）	占沿线国家本行业总进口比重（%）
中国	2876.50	59.52	中国	359.73	20.44
印度	385.98	7.99	俄罗斯	131.91	7.50
土耳其	290.58	6.01	土耳其	129.52	7.36
越南	215.35	4.46	越南	128.47	7.30
孟加拉国	214.20	4.43	孟加拉国	99.71	5.67
巴基斯坦	137.73	2.85	波兰	98.52	5.60
印度尼西亚	127.41	2.64	印度尼西亚	85.66	4.87
泰国	75.73	1.57	印度	58.51	3.32
波兰	70.13	1.45	捷克	51.31	2.92
斯里兰卡	51.08	1.06	沙特	48.95	2.78

资料来源：世界银行 WITS 数据库。

92.00%。"一带一路"沿线纺织服装产品进口总额为1760.01亿美元,排名前10位的国家进口总额为1192.29亿美元,占比67.74%。

中国的纺织服装产品具有较强的比较优势,出口额超过"一带一路"沿线国家出口总额的一半,是纺织服装出口排名第二的印度出口额的7倍多。同时,中国也是纺织服装第一进口大国,其进口额达到359.73亿美元,是纺织服装进口第二大国俄罗斯的近3倍。

2014年"一带一路"沿线鞋类产品出口总额为982.67亿美元,如表2.19所示,排名前10位的国家出口总额为936.10亿美元,占比95.26%。"一带一路"沿线鞋类产品进口总额为226.04亿美元,排名前10位的国家进口总额为152.14亿美元,占比67.31%。

中国的鞋类产品竞争优势较强,出口额占到"一带一路"沿线国家出口总额的71.79%,是鞋类产品出口排名第二的越南出口额的7.85倍。俄罗斯为鞋类产品第一进口大国,其进口额达到48.49亿美元。

表2.19 2014年沿线鞋类进出口额排名前10位的国家

出口国	贸易额（亿美元）	占沿线国家本行业总出口比重（%）	进口国	贸易额（亿美元）	占沿线国家本行业总进口比重（%）
中国	705.45	71.79	俄罗斯	48.49	21.45
越南	89.86	9.14	中国	26.35	11.66
印度尼西亚	44.60	4.54	波兰	17.02	7.53
印度	33.16	3.37	斯洛伐克	11.09	4.91
斯洛伐克	14.00	1.42	土耳其	10.96	4.85
波兰	11.67	1.19	捷克	9.73	4.31
新加坡	11.11	1.13	沙特阿拉伯	8.05	3.56
捷克	9.85	1.00	新加坡	7.85	3.47
泰国	8.77	0.89	哈萨克斯坦	6.64	2.94
土耳其	7.61	0.77	以色列	5.95	2.63

资料来源:世界银行WITS数据库。

2014年"一带一路"沿线金属制品出口总额为4362.20亿美元,如表2.20所示,排名前10位的国家出口总额为3592.60亿美元,占比82.36%。"一带一路"沿线金属制品进口总额为4394.70亿美元,排名前10位的国家进口总额为3066.33亿美元,占比69.77%。

其中,中国金属品的出口额将近占沿线金属品出口总额的1/2,是金属品出口排名第二的俄罗斯出口额的 4.5 倍。同时，中国也是沿线金属品的第一进口大国，其进口额占到 23.12%，是金属品第二进口国土耳其的 3 倍多。

表 2.20　2014 年沿线金属制品进出口额排名前 10 位的国家

出口国	贸易额（亿美元）	占沿线国家本行业总出口比重（%）	进口国	贸易额（亿美元）	占沿线国家本行业总进口比重（%）
中国	1842.64	42.24	中国	1015.93	23.12
俄罗斯	408.46	9.36	土耳其	302.88	6.89
印度	255.85	5.87	泰国	280.12	6.37
波兰	226.94	5.20	印度	266.75	6.07
土耳其	208.33	4.78	波兰	226.45	5.15
捷克	168.99	3.87	俄罗斯	216.80	4.93
乌克兰	152.36	3.49	沙特	206.79	4.71
马来西亚	115.73	2.65	马来西亚	203.17	4.62
新加坡	113.17	2.59	印度尼西亚	174.87	3.98
泰国	100.12	2.30	捷克	172.56	3.93

资料来源：世界银行 WITS 数据库。

（3）机电产品进口与出口概况

2014 年，"一带一路"沿线机电产品出口总额为 17023.50 亿美元，如表 2.21 所示，排名前 10 位的国家出口总额为 15635.40 亿美元，占比

表 2.21　2014 年沿线机电产品进出口额排名前 10 位的国家

出口国	出口额（亿美元）	占沿线国家本行业总出口比重（%）	进口国	进口额（亿美元）	占沿线国家本行业总进口比重（%）
中国	9706.03	57.02	中国	5973.20	38.33
新加坡	1759.21	10.33	新加坡	1384.54	8.88
马来西亚	886.79	5.21	俄罗斯	923.68	5.93
泰国	692.74	4.07	马来西亚	754.79	4.84
捷克	626.10	3.68	泰国	676.35	4.34
波兰	528.77	3.11	印度	630.84	4.05
匈牙利	424.47	2.49	捷克	518.14	3.32
越南	405.17	2.38	波兰	516.07	3.31
菲律宾	320.43	1.88	越南	460.55	2.96
斯洛伐克	285.68	1.68	土耳其	460.25	2.95

资料来源：世界银行 WITS 数据库。

91.85%。"一带一路"区域内机电产品进口总额为15585.30亿美元,排名前10位的国家进口总额为12298.41亿美元,占比78.91%。

其中,中国机电产品的出口额占区域内机电产品出口总额的57.02%,是机电产品第二出口国新加坡出口额的5.52倍。同时,中国也是区域内机电产品的第一进口大国,其进口额达到5973.20亿美元,是机电产品第二进口国新加坡的4.32倍。

(4)装备制造业产品进口与出口概况

2014年"一带一路"沿线运输车辆出口总额为3447.41亿美元,如表2.22所示,排名前10位的国家出口总额为3034.05亿美元,占比88.01%。"一带一路"沿线运输车辆进口总额为4260.30亿美元,排名前10位的国家进口总额为3055.82亿美元,占比71.73%。

其中,沿线运输车辆出口额前三位的国家依次是:中国、捷克、波兰,三国出口额将近占总出口额的一半。进口额前三位的国家依次是:中国、俄罗斯、沙特,三国进口额共达到46.47%。沿线运输车辆出口额第一的地位显示出中国的装备制造业实力相对较强。

表2.22 2014年沿线运输车辆进出口额排名前10位的国家

出口国	出口额(亿美元)	占沿线国家本行业总出口比重(%)	进口国	进口额(亿美元)	占沿线国家本行业总进口比重(%)
中国	1047.83	30.39	中国	1209.06	28.38
捷克	345.45	10.02	俄罗斯	497.63	11.68
波兰	301.81	8.75	沙特	273.16	6.41
泰国	286.19	8.30	波兰	229.47	5.39
印度	259.00	7.51	土耳其	198.08	4.65
斯洛伐克	219.91	6.38	捷克	149.19	3.50
土耳其	198.39	5.75	泰国	136.36	3.20
匈牙利	181.00	5.25	新加坡	124.35	2.92
新加坡	118.83	3.45	印度	121.70	2.86
俄罗斯	75.63	2.19	马来西亚	116.84	2.74

资料来源:世界银行WITS数据库。

2.4 沿线国家关税水平比较

2.4.1 整体关税水平比较

本部分以 2013 年加权平均最惠国关税税率为标准,将"一带一路"沿线 65 个国家的关税水平划分为以下三个区间:0—5%、5%—10%、10%以上。①

如表 2.23 所示,在"一带一路"沿线国家中,加权平均最惠国关税税率处于 0—5%区间的国家最多,5%—10%的国家次之,10%以上的国家最少。其中,处于三个区间的国家数量占比分别为 50%、37.10%、12.90%。

在"一带一路"沿线国家中,不丹的加权平均最惠国关税税率最高,达到 27.53%②。作为自由港的新加坡,税率最低。值得关注的是,在"一带一路"中东欧地区的 20 个国家中,有 13 个国家的加权最惠国关税税率为 0—5%,有 7 个国家的加权最惠国关税税率在 5%—10%之间。而加权最惠国关税税率超过 10%的沿线国家包括叙利亚、尼泊尔、乌兹别克斯坦、不丹、马尔代夫、柬埔寨、老挝、伊朗等。

表 2.23　2013 年沿线国家关税水平分类

关税水平区间	国家名单
0—5%	印度尼西亚、阿曼、巴林、克罗地亚、卡塔尔、沙特、吉尔吉斯斯坦、科威特、阿尔巴尼亚、阿联酋、亚美尼亚、东帝汶、保加利亚、捷克、爱沙尼亚、匈牙利、立陶宛、拉脱维亚、波兰、罗马尼亚、斯洛伐克、斯洛文尼亚、新加坡、土库曼斯坦、格鲁吉亚、乌克兰、中国、文莱、缅甸、马来西亚、泰国、以色列
5%—10%	塔吉克斯坦、摩尔多瓦、哈萨克斯坦、俄罗斯、阿富汗、阿塞拜疆、白俄罗斯、波黑、越南、也门、土耳其、蒙古、马其顿、黑山、塞尔维亚、孟加拉国、印度、斯里兰卡、巴基斯坦、菲律宾、埃及、约旦、黎巴嫩
10%以上	叙利亚、尼泊尔、乌兹别克斯坦、不丹、马尔代夫、柬埔寨、老挝、伊朗

资料来源:世界银行 WDI 数据库。

---

① 伊拉克、巴勒斯坦两国不包括在内。
② 2007 年数据。

随着中国加入世界贸易组织（WTO），2000年以来中国的加权平均最惠国关税税率持续走低，2011年降到了最低点4.02%。

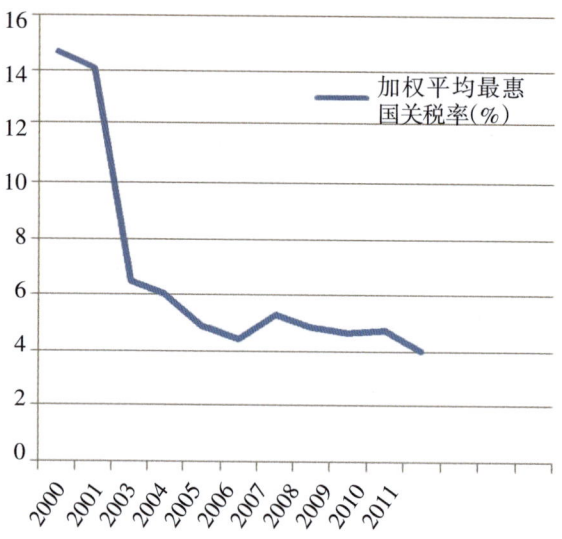

图 2.14　2000—2011年中国加权最惠国关税税率走势

资料来源：世界银行WDI数据库。

2.4.2　前10位货物进口国关税水平分析

2013年，世界货物进口排名前10位的沿线国家依次是：中国、印度、新加坡、俄罗斯、阿联酋、泰国、土耳其、波兰、沙特、印度尼西亚。表2.24列出了以上10个国家的初级产品和制成品的加权平均最惠国关税税率。

所有产品加权平均最惠国关税税率最高的国家是俄罗斯，关税水平高达7.38%，印度次之，关税水平达到7.01%，土耳其关税水平达到5.21%，居第三位。所有产品加权平均最惠国关税税率最低的三个国家包括新加坡（0%）、波兰（2.43%）、阿联酋（3.68%）。

中国作为世界第一大货物进口国，总体关税水平低于世界平均水平。其中，初级产品加权平均最惠国关税税率为1.87%，仅高于新加坡（0%）和波兰（1.34%），这反映了中国对能源资源类产品的巨大需求；制成品加权平均最惠国关税税率中国为5.36%，低于印度（7.3%）、俄罗斯（6.57%）、印度尼西亚（6.31%）、泰国（5.79%），高于新加坡（0%）、土耳其（4.32%）、阿联酋（3.83%）、波兰（3.24%）、沙特（4.5%）等国。

表 2.24 2013 年区域内前 10 位货物进口国关税水平分析

国家和地区	所有产品加权平均最惠国关税税率(%)	初级产品加权平均最惠国关税税率(%)	制成品加权平均最惠国关税税率(%)
俄罗斯	7.38	11.34	6.57
印度	7.01	6.04	7.30
土耳其	5.21	9.07	4.32
泰国	4.78	2.71	5.79
印度尼西亚	4.59	1.89	6.31
中国	4.02	1.87	5.36
沙特	3.95	3.45	4.15
阿联酋	3.68	4.74	3.83
波兰	2.43	1.34	3.24
新加坡	0	0	0

资料来源：世界银行 WDI 数据库。

2.5 沿线国家服务贸易发展

2.5.1 沿线国家服务贸易出口概况

（1）整体分析

2013 年，"一带一路"沿线 65 个国家的服务贸易出口总额为 11240.34 亿美元。[①] 如图 2.15 所示，服务出口前三位的分别是东南亚、中东欧、东北亚。其中，东南亚地区服务贸易出口达到 27%，将近是西亚北非出口的 2 倍；中东欧地区和东北亚地区分列第二、第三，占比分别为 24%、19%；中亚地区服务贸易出口占比最少，仅为 1%。

（2）前 10 位服务贸易出口国分析

如表 2.25 所示，2013 年"一带一路"沿线国家服务贸易出口额排名前 10 位的国家依次为中国、印度、新加坡、俄罗斯、泰国、土耳其、波兰、马来西亚、以色列、捷克，其服务贸易出口总额达到 8150.69 亿美元，占"一带一路"沿线国家服务贸易出口总额的 72.51%。中国服务贸易出口达到 2138.79 亿美元，为"一带一路"沿线国家服务贸易第一大出

---

① 2013 年数据缺失的部分国家，使用了其 2012 年的数据。

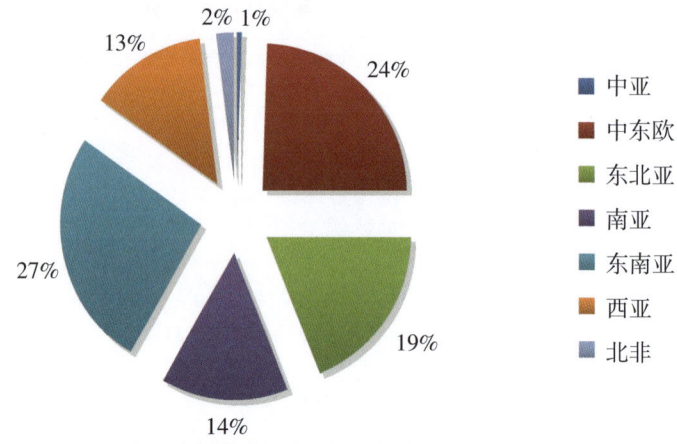

图 2.15 各区域服务贸易出口占比

资料来源:世界银行 WDI 数据库。

口国,占沿线国家服务贸易出口总额的 19.03%。印度和新加坡紧随其后,服务贸易出口额分别达到 1481.88 亿美元和 1370.08 亿美元。

表 2.25 2013 年沿线前 10 位服务贸易出口国的服务出口总额

国家和地区	服务出口总额(亿美元)
中国	2138.79
印度	1481.88
新加坡	1370.08
俄罗斯	691.11
泰国	582.51
土耳其	463.41
波兰	448.99
马来西亚	397.31
以色列	337.12
捷克	239.49

资料来源:世界银行 WDI 数据库。

(3) 前 10 位服务贸易出口国服务业概况分析

如表 2.26 所示,在前 10 位服务贸易出口国中①,印度服务业增加值年均增长率最高,达到 9.13%;新加坡的服务业增加值占本国 GDP 的比

---

① 以色列不包含在内。

重最大，达到 74.86%。作为服务贸易第一出口大国，虽然中国服务业增加值年均增长率仅为 8.26%，但其增加值占 GDP 的比重较高，达到 46.92%。

表 2.26　2013 年沿线前 10 位服务贸易出口国服务业分析

国家和地区	服务业增加值（亿美元）	服务业增加值（亿美元，2005 年不变价）	服务业增加值年均增长率（%）	服务业增加值占 GDP 比重（%）
中国	44528.07	21114.95	8.26	46.92
印度	8746.03	8179.42	9.13	50.87
新加坡	2098.30	1291.99	5.19	74.86
俄罗斯	10727.40	5338.77	2.00	60.03
泰国	2173.21	1382.31	4.52	51.72
土耳其	4743.62	3686.40	5.54	65.06
波兰	3007.41	2245.90	2.11	64.35
马来西亚	1649.28	1134.07	6.04	51.01
捷克	1128.97	836.24	1.25	60.44

资料来源：世界银行 WDI 数据库。

2.5.2 沿线国家服务贸易进口概况

（1）整体分析

2013 年，"一带一路"沿线国家服务贸易进口总额为 12833.53 亿美元。①如图 2.16 所示，服务贸易进口前三位的分别是南亚、西亚、中东欧；东北亚和东南亚地区服务进口额差别较小，占比分别为：11%、10%；中亚服务贸易进口额最低，占比仅为 1%。

（2）前 10 位服务贸易进口国服务贸易分析

如表 2.27 所示，2013 年"一带一路"沿线国家服务贸易总进口额排名前十位的国家依次为：中国、新加坡、俄罗斯、印度、泰国、沙特、马来西亚、印度尼西亚、波兰、卡塔尔，其服务贸易进口总额达到 9667.87 亿美元，占"一带一路"沿线国家服务贸易进口总额的 75.33%。中国是沿线国家中第一大服务贸易进口国，服务贸易进口额占"一带一路"沿线国家服务贸易进口总额的 25.74%。新加坡、俄罗斯和印度紧随

---

① 2013 年数据缺失的部分国家，使用了其 2012 的数据。

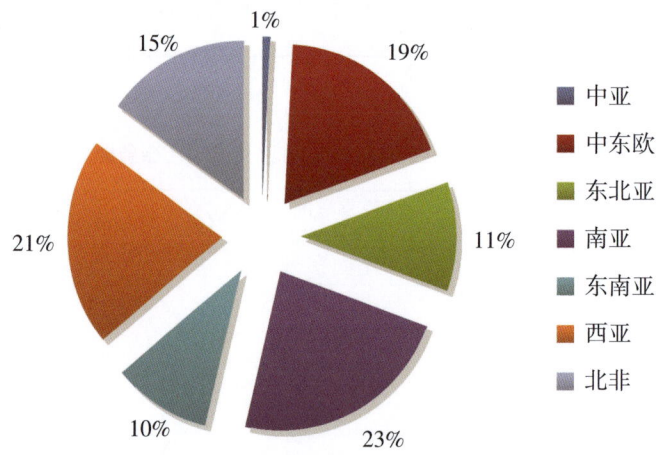

图 2.16　各区域服务贸易进口占比

资料来源：世界银行 WDI 数据库。

其后，服务贸易进口额分别达到 1413.92 亿美元、1257.42 亿美元和 1251.88 亿美元。

表 2.27　2013 年沿线前 10 位服务贸易进口国服务贸易进口总额

国家和地区	服务贸易进口总额（亿美元）
中国	3303.05
新加坡	1413.92
俄罗斯	1257.42
印度	1251.88
泰国	545.98
沙特	517.47
马来西亚	444.26
印度尼西亚	344.26
波兰	341.19
卡塔尔	248.44

资料来源：世界银行 WDI 数据库。

如表 2.28 所示，2013 年，在服务贸易前 10 位进口国中，卡塔尔服务业增加值年均增长率最高，达到 11.16%；新加坡服务业增加值占本国 GDP 的比重最大，达到 74.86%。作为世界第一服务贸易进口大国，中国服务业增加值的年均增长率达到 8.26%，超过了 GDP 增速（7.7%），增加值占 GDP 的比重接近一半。

表2.28 2013年沿线前10位服务贸易进口国服务业分析

国家和地区	服务业增加值（亿美元）	服务业增加值（亿美元，2005年不变价）	服务业增加值年均增长率(%)	服务业增加值占GDP比重(%)
中国	44528.07	21114.95	8.26	46.92
新加坡	2098.30	1291.99	5.19	74.86
俄罗斯	10727.40	5338.77	2.00	60.03
印度	8746.03	8179.42	9.13	50.87
沙特	2835.78	2107.61	6.48	38.10
泰国	2173.21	1382.31	4.52	51.72
马来西亚	1649.28	1134.07	6.04	51.01
印度尼西亚	3783.86	2074.78	6.55	41.56
波兰	3007.41	2245.90	2.11	64.35
卡塔尔	591.69	418.11	11.16	29.31

资料来源：世界银行WDI数据库。

3 投资篇

近年来，随着经济全球化的深入发展，"一带一路"沿线国家的跨境资本流动也日趋活跃，无论是外资流入还是对外投资，"一带一路"沿线国家均潜力巨大。接下来，本篇将首先介绍沿线国家跨境资本流动概况，然后重点探讨中国对沿线国家的海外直接投资情况，最后分析沿线国家的投资环境。

3.1 沿线国家跨境资本流动概况

跨境资本流动是有方向的，对于资本流出国来说，就是对外直接投资，而对于资本流入国来说，就是吸收外资。因此，"一带一路"沿线国家既是资本流入国，同时也是资本流出国，但整体上看绝大多数沿线国家均以吸收外资为主，只有中国、新加坡等同时具备资本流入和流出两大角色。

3.1.1 吸收外资

（1）吸收外资流量分析

据联合国贸易和发展会议（UNCTAD）发布的《2015年世界投资报告》统计，2014年全球资本流入金额12282.63亿美元，其中"一带一路"沿线国家吸收外资4411.85亿美元，占全球资本流入总额的35.92%。

如图3.1所示，2000—2008年期间，"一带一路"沿线国家资本流入流量持续增长，年均增长率达到22%，2008年达到历史最高水平5127.42亿美元。受2008年美国次贷危机影响，沿线国家资本流入流量随后有所下降，近几年基本稳定在4500亿美元上下。

"一带一路"沿线国家资本流入流量占全球比重整体保持了上升态势。2000年沿线国家吸收外资比重仅有8.07%，2004年上升到30.31%，随后略有下降，2008年达到34.42%，近几年基本上稳定在30%上下，换言之，"一带一路"沿线国家吸收了全球约1/3的外资流量。

图 3.1 2000—2014 年"一带一路"沿线国家资本流入金额与占比变化（亿美元,%）

资料来源：《2015 年世界投资报告》附表。

图 3.2 列出了 2014 年"一带一路"沿线国家吸收外资流量最多的前 20 个国家，其吸收外资流量之和接近"一带一路"沿线国家资本流入流量总和的 89.94%。其中，中国、新加坡、印度、印度尼西亚、俄罗斯位

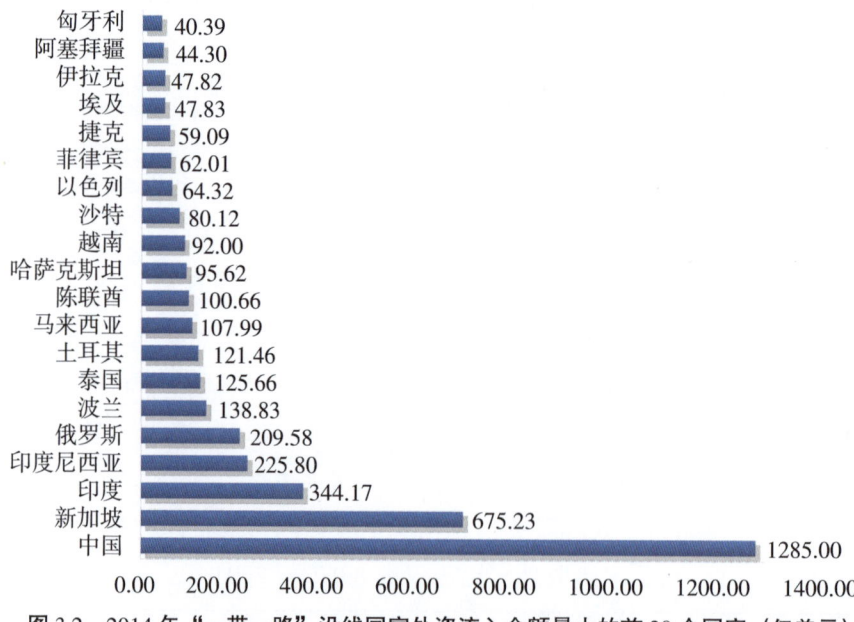

图 3.2 2014 年"一带一路"沿线国家外资流入金额最大的前 20 个国家（亿美元）

资料来源：《2015 年世界投资报告》附表。

列前五位，五国流量之和占沿线国家外资流量总和的 62.1%。

据《2015 年世界投资报告》，2014 年中国资本流入额达到 1285.00 亿美元，接近当年沿线国家利用外资总额的 1/3，达到 29.13%，占当年全球资本流入总额的 10.46%。如表 3.1 所示，无论是相对于"一带一路"沿线国家还是全球总量，2014 年中国利用外资相对占比均为 2009 年以来最高水平。实际上，自 1992 年以来，中国一直是吸收外资最多的发展中国家，同样也是"一带一路"沿线国家中吸收外资最多的国家。

表 3.1 2000—2014 年中国外资流入金额及其占比

年份 国家和地区	2009	2010	2011	2012	2013	2014
中国吸收外资金额(亿美元)	950.00	1147.34	1239.85	1210.80	1239.11	1285.00
沿线国家外资流入总额（亿美元）	3663.61	4337.29	4666.80	4551.65	4634.15	4411.85
全球资本流入总额(亿美元)	11864.32	13281.02	15637.49	14028.87	14672.33	12282.63
沿线国家占全球比重(%)	30.88	32.66	29.84	32.44	31.58	35.92
中国占沿线国家比重(%)	25.95	26.46	26.59	26.63	26.76	29.13
中国占全球总额比重(%)	8.01	8.64	7.93	8.63	8.45	10.46

资料来源：根据《2015 年世界投资报告》附表整理。

2014 年新加坡吸收外资额仅次于中国，达到 675.23 亿美元，规模上仅相当于中国吸收外资金额的一半。作为亚太地区重要的自由港和区域贸易与金融中心，新加坡凭借其优越的投资环境，吸收了大量的外来投资，成为"一带一路"国家中的重要外资集聚地。

除了新加坡外，印度也是"一带一路"沿线国家中重要的外资流入地。2014 年印度吸收外资金额达到 344.17 亿美元，占沿线国家外资流入总额的 7.8%。在 2006 年之前，印度利用外资占沿线国家的比重一直未超过 5%。2006 年印度开始实施《经济特区法》，其吸收外资规模步伐明显加快，2009 年吸收外资金额占比攀升到 9.73%，达到历史最高点，尽管随后有所回落，但基本上保持在 6% 以上。（如图 3.3）

（2）吸收外资存量分析

截至 2014 年年末，"一带一路"沿线国家吸收外资存量达到 54889.56 亿美元，占当年全球资本流入存量总额的 21.08%。图 3.4 给出了 2000—2014 年"一带一路"沿线国家资本流入存量占全球比重变化折

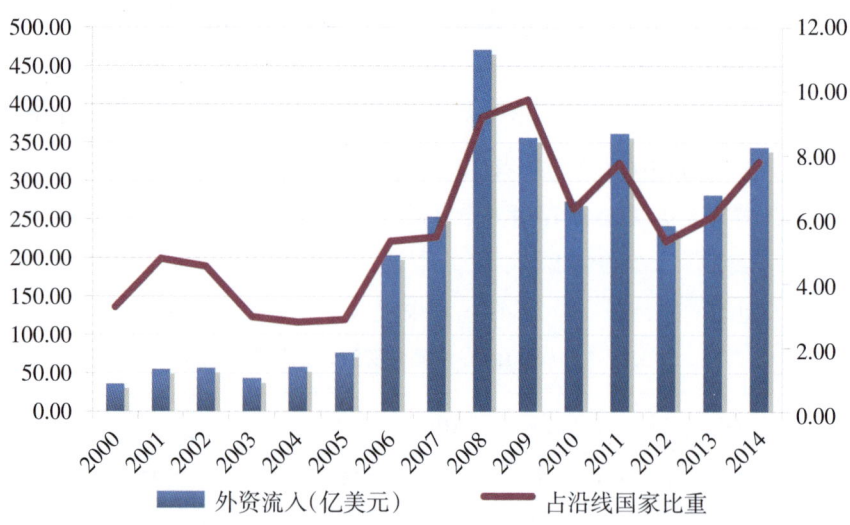

图 3.3　2000—2014 年印度外资流入金额与占"一带一路"沿线国家总额比重

资料来源：根据《2015 年世界投资报告》附表整理。

线图。整体上看，2000 年以来，随着"一带一路"国家市场开放水平的提高和不断完善的吸引外资政策，沿线国家吸收外资存量占全球比重基本保持了上升势头。2012 年"一带一路"国家吸收外资存量占全球比重达 22.68%，达到历史最高水平。近两年来，尽管沿线国家外资存量占比

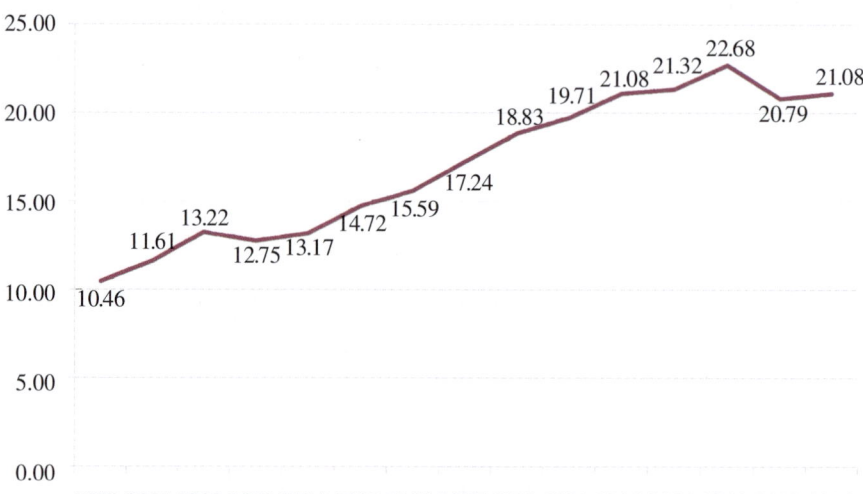

图 3.4　2000—2014 年"一带一路"沿线国家资本流入存量占全球比重（%）

资料来源：根据《2015 年世界投资报告》附表整理。

略有下降，但仍超过了20%。换言之，全球约1/5的外资存量集聚在"一带一路"沿线国家。

图3.5显示，2014年"一带一路"沿线国家外资存量主要分布在东南亚和中东欧地区，前者外资存量金额达到16874.52亿美元，占沿线国家外资存量总和的31%，后者外资存量金额达到12422.68亿美元，占沿线国家外资存量总和的23%。东南亚和中东欧两个区域的外资存量加起来占到了"一带一路"沿线国家外资存量总和的一半。剩下的一半外资存量主要分布在东北亚（11019.86亿美元，占20%）、西亚（8879.78亿美元，占16%）、南亚（3079.24亿美元，占6%）、中亚（1698.56亿美元，占3%）、北非（878.82亿美元，占1%）等地区。

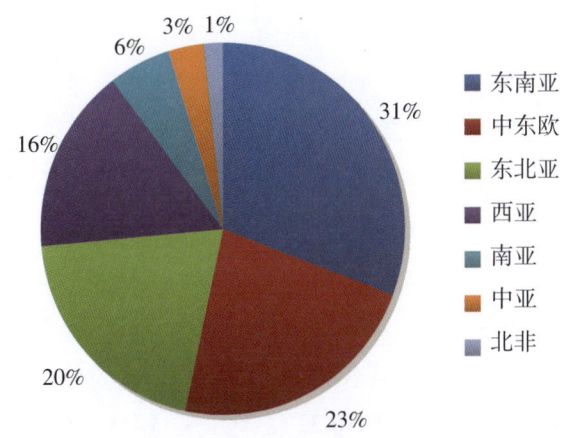

图3.5 2014年"一带一路"沿线国家资本流入存量区域分布

资料来源：根据《2015年世界投资报告》附表整理。

2014年"一带一路"沿线国家资本流入存量最多的国家和地区的分布与资本流入流量最多的国家分布差不多。表3.2显示，外资存量最多的国家仍然是中国，2014年达到10852.93亿美元，占"一带一路"沿线国家外资存量总额的19.77%。新加坡（9123.55亿美元）、俄罗斯（3785.43亿美元）、印度尼西亚（2530.82亿美元）、印度（2523.31亿美元）分列第二位至第五位。

（3）OECD国家在"一带一路"沿线国家投资存量分布

经济与合作组织（OECD）国家是全球最主要的资本来源地。据

表 3.2　2014 年"一带一路"国家资本流入存量最多的前 10 个国家

排名	国家和地区	资本流入存量（亿美元）
1	中国	10852.93
2	新加坡	9123.55
3	俄罗斯	3785.43
4	印度尼西亚	2530.82
5	印度	2523.31
6	波兰	2451.61
7	沙特	2159.09
8	泰国	1993.11
9	土耳其	1686.45
10	马来西亚	1337.67

资料来源：整理自《世界投资报告 2015》附表。

OECD 统计，截至 2012 年，OECD 国家对"一带一路"沿线国家资本输出存量总额达到 16736 亿美元，占当年"一带一路"沿线国家吸收外资存量总额（50066.64 亿美元）的 33.43%，占 OECD 资本输出存量总额（166345.93 亿美元）的 10.06%。

从表 3.3 可知，吸收来自 OECD 国家外资最多的国家仍然是中国。2012 年 OECD 对中国的资本输出存量达到 3578.22 亿美元，占 OECD 国家对"一带一路"沿线国家资本输出存量总额的 21.38%。新加坡（3205.43 亿美元）、波兰（1416.22 亿美元）、匈牙利（1200.80 亿美元）、印度（966.34 亿美元）等国紧随其后。

表 3.3　2012 年 OECD 国家对"一带一路"沿线国家资本输出存量最多的前 20 个国家

排名	国家和地区	OECD 资本输出存量（亿美元）
1	中国	3578.22
2	新加坡	3205.43
3	波兰	1416.22
4	匈牙利	1200.80
5	印度	966.34
6	捷克	882.85
7	泰国	706.19
8	印度尼西亚	689.03
9	土耳其	652.58

续表 1

排名	国家和地区	OECD 资本输出存量（亿美元）
10	马来西亚	529.31
11	阿联酋	487.31
12	罗马尼亚	477.27
13	埃及	362.08
14	斯洛伐克	309.90
15	沙特	297.96
16	菲律宾	256.58
17	以色列	175.63
18	保加利亚	174.94
19	乌克兰	137.25
20	爱沙尼亚	96.69

资料来源：OECD International Direct Investment Statistics 2014。

(4) 外资并购概况

外资进入"一带一路"沿线国家除了新建企业外，还可以并购当地企业。据《2015年世界投资报告》统计，2014年"一带一路"沿线国家吸收外资并购资金 769.83 亿美元，占当年全球外资并购总额（7951.10 亿美元）的 9.68%。2001 年以来，"一带一路"沿线国家吸收外资并购资金于 2008 年和 2011 年出现过两次高潮（如图 3.6），吸收外资并购资金分

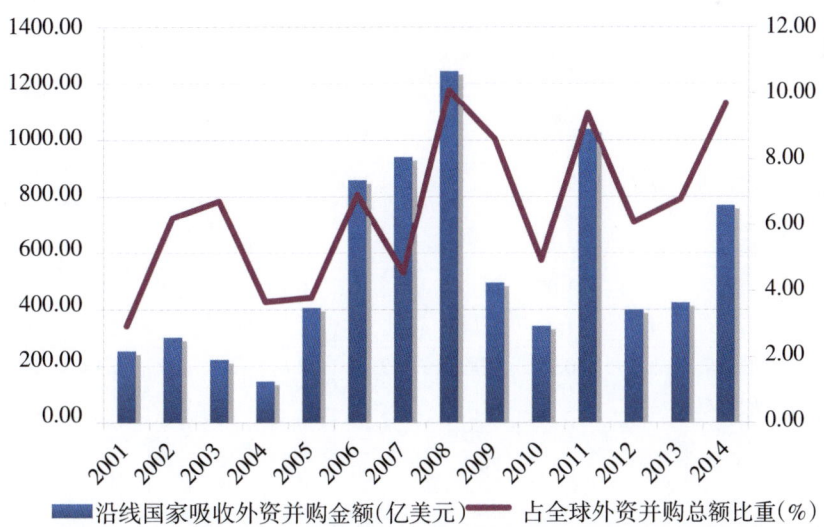

图 3.6　2001—2014 年"一带一路"沿线国家吸收外资并购金额与占比

资料来源：《2015 年世界投资报告》附表。

别达到1244.70亿美元和1038.83亿美元。

由表3.4可知,近年来,中国一直是"一带一路"沿线国家中吸收外资并购资金最多的国家。2014年中国吸收外资并购资金524.15亿美元,占沿线国家吸收外资并购资金总额的68.09%。整体上看,"一带一路"沿线国家吸收外资并购金额较多的国家和地区主要包括中国、印度、新加坡、俄罗斯、土耳其、以色列、埃及等。

表3.4 2012—2014年"一带一路"沿线国家吸收外资并购规模最大的前20个国家

排名	2012			2013			2014		
	国家和地区	金额(亿美元)	占沿线国家比重(%)	国家和地区	金额(亿美元)	占沿线国家比重(%)	国家和地区	金额(亿美元)	占沿线国家比重(%)
1	中国	95.24	23.84	中国	264.04	62.18	中国	524.15	68.09
2	新加坡	80.23	20.09	印度	47.63	11.22	印度	58.92	7.65
3	俄罗斯	72.01	18.03	新加坡	41.47	9.77	俄罗斯	55.25	7.18
4	印度	28.05	7.02	以色列	33.39	7.86	新加坡	47.36	6.15
5	土耳其	26.90	6.74	埃及	18.36	4.32	以色列	23.16	3.01
6	科威特	22.30	5.58	捷克	16.17	3.81	土耳其	20.45	2.66
7	伊拉克	17.27	4.32	越南	12.45	2.93	菲律宾	9.22	1.20
8	沙特	14.29	3.58	菲律宾	8.90	2.10	波兰	9.07	1.18
9	以色列	10.26	2.57	土耳其	8.57	2.02	印度尼西亚	8.14	1.06
10	越南	9.08	2.27	印度尼西亚	8.44	1.99	科威特	6.29	0.82
11	波兰	8.24	2.06	斯洛伐克	5.41	1.27	斯洛文尼亚	4.95	0.64
12	马来西亚	7.21	1.80	波兰	4.34	1.02	马来西亚	4.72	0.61
13	印度尼西亚	4.77	1.19	科威特	4.14	0.97	泰国	4.48	0.58
14	乌克兰	4.34	1.09	伊拉克	3.24	0.76	保加利亚	2.72	0.35
15	菲律宾	4.11	1.03	沙特	2.91	0.68	沙特	2.35	0.31
16	阿联酋	3.66	0.92	阿联酋	2.86	0.67	罗马尼亚	2.14	0.28
17	斯洛文尼亚	3.30	0.83	哈萨克斯坦	2.17	0.51	越南	0.94	0.12
18	黎巴嫩	3.17	0.79	克罗地亚	1.00	0.24	立陶宛	0.79	0.10
19	卡塔尔	1.69	0.42	泰国	0.40	0.09	斯里兰卡	0.70	0.09
20	斯里兰卡	1.53	0.38	立陶宛	0.30	0.07	捷克	0.68	0.09

资料来源:《2015年世界投资报告》附表。

3.1.2 对外投资

（1）对外投资流量分析

据《2015年世界投资报告》统计，2014年全球资本流出流量达到13540.46亿美元，其中"一带一路"沿线国家对外直接投资流量达到3227.22亿美元，占全球资本流出流量的23.83%。

如图3.7所示，2000年以来，"一带一路"沿线国家对外直接投资流量规模及其占全球比重整体上均保持了上升趋势，由2000年的206.82亿美元上升到2014年的3227.22亿美元，占全球比重也由2000年的1.77%上升到2014年的23.83%。这一变化突出反映出"一带一路"沿线国家对外直接投资潜力巨大，已经逐渐成为全球重要的资本输出地。

图3.7 2000—2014年"一带一路"沿线国家对外投资流量及占比

资料来源：《2015年世界投资报告》附表。

图3.8列出了2014年"一带一路"沿线国家对外直接投资流量最多的前20个国家，其对外投资流量之和接近"一带一路"沿线国家资本流出流量总和的98.63%。其中，中国、俄罗斯、新加坡、马来西亚、科威特位列前五位，五国流量之和占沿线国家对外投资流量总和的75.19%。

2014年中国对外直接投资流量居"一带一路"沿线国家首位，达到1160.00亿美元，占"一带一路"沿线国家对外直接投资流量总额的35.94%，占全球资本流出流量总额的8.57%。近年来，在"走出去"战略

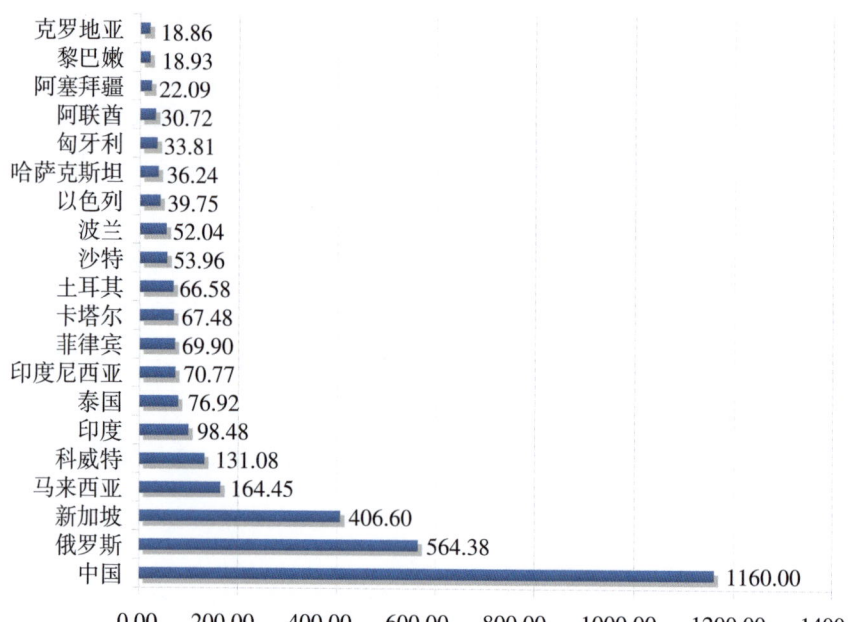

图 3.8　2014 年"一带一路"沿线国家对外投资流量最多的前 20 个国家（亿美元）

资料来源：《2015 世界投资报告》附表。

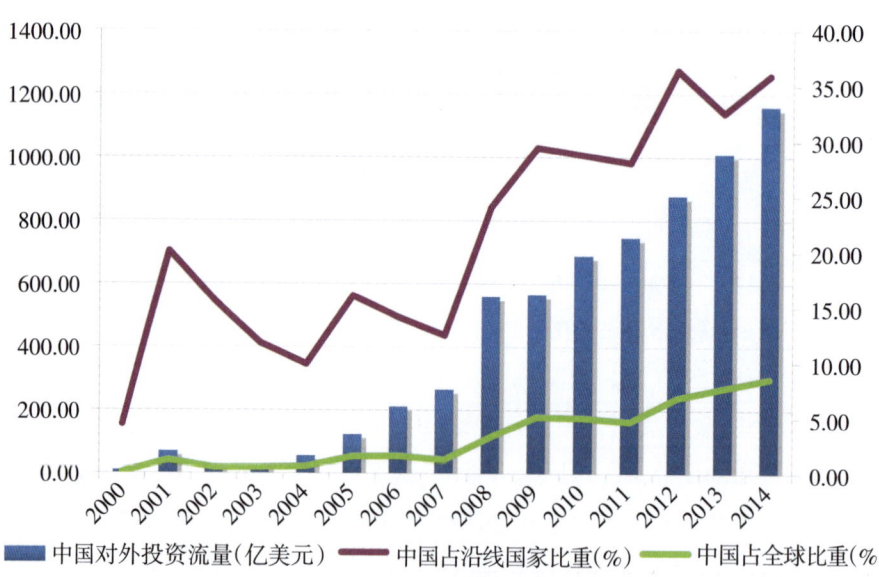

图 3.9　2000—2014 年中国对外投资流量及占比

资料来源：《2015 年世界投资报告》附表。

的推动下,中国对外直接投资发展迅速,2010—2014年间对外直接投资流量年均增长15.54%。中国对外直接投资流量占"一带一路"沿线国家投资流量总额的比重整体上保持了上升趋势,由2000年的4.43%攀升到2014年的36.41%,近两年虽略有下降,但仍然保持在30%以上(如图3.9)。

2014年俄罗斯对外直接投资流量达到564.38亿美元,仅次于中国,占"一带一路"沿线国家对外投资流量总额的17.49%。整体上看,2000年以来俄罗斯对外直接投资流量保持了增长,其在"一带一路"沿线国家中的比重基本保持在20%左右(如图3.10)。中国和俄罗斯的对外投资流量之和超过沿线国家投资流量总额的一半,达到53.43%。

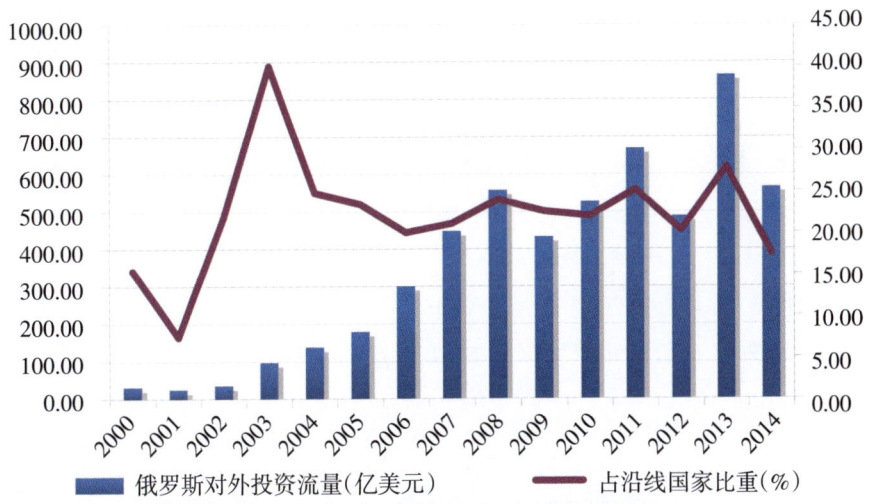

图 3.10 2000—2014 年俄罗斯对外投资流量及占比

资料来源:《2015 年世界投资报告》附表。

除中国和俄罗斯外,新加坡是"一带一路"沿线国家中位列第三位的资本输出国。2014年新加坡对外直接投资流量达到406.60亿美元,占沿线国家流量总额的12.60%。中国、俄罗斯和新加坡对外投资流量占比之和达到66.03%,换言之,"一带一路"沿线国家对外直接投资主要来自这三个国家。

(2)对外投资存量分析

2014年"一带一路"沿线国家对外直接投资存量达到26923.47亿美

元，占全球对外投资存量的 10.41%。如图 3.11 所示，自 2000 年以来，"一带一路"沿线国家对外投资存量占全球比重基本保持上升态势，从 2000 年的 2.26% 上升到 2014 年的 10.41%。

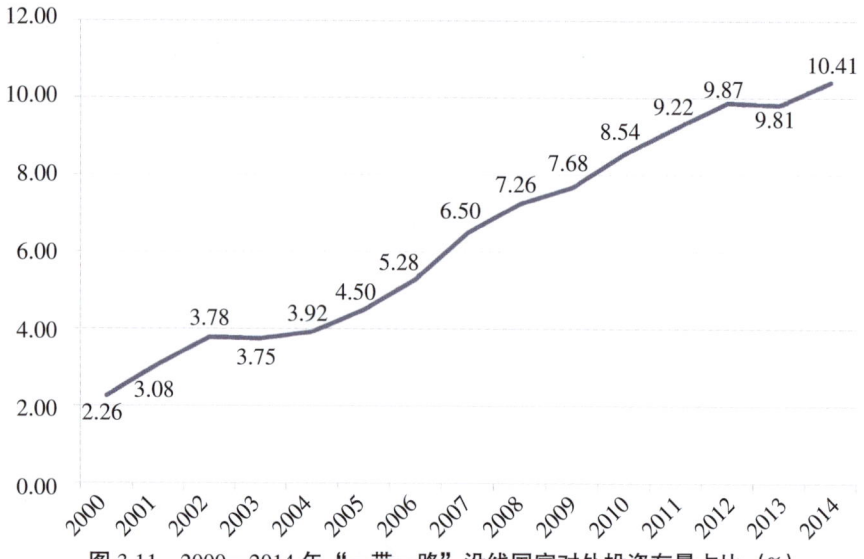

图 3.11　2000—2014 年"一带一路"沿线国家对外投资存量占比（%）

资料来源：《2015 年世界投资报告》附表。

由图 3.12 可知，2014 年"一带一路"沿线国家对外直接投资存量主要分布在东南亚和东北亚地区，其中东南亚地区对外直接投资存量达到

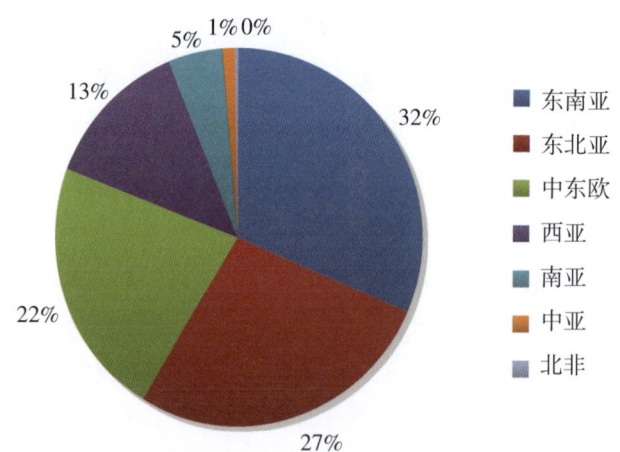

图 3.12　2014 年"一带一路"沿线国家对外投资存量区域分布

资料来源：《2015 年世界投资报告》附表。

8456.70亿美元，占沿线国家投资存量总额的32%；东北亚地区对外直接投资存量达到7299.40亿美元，占沿线国家投资存量总额的27%。东南亚和东北亚两个地区的对外投资存量占比之和接近60%。

在具体国别分布上，表3.5显示，2014年"一带一路"沿线国家对外直接投资存量最多的五个国家包括中国（7295.85亿美元，占比27.10%）、新加坡（5763.96亿美元，占比21.41%）、俄罗斯（4318.65亿美元，占比16.04%）、马来西亚（1356.85亿美元，占比5.04%）、印度（1295.78亿美元，占比4.81%），五国存量占比之和达到74.40%。

表3.5 2014年"一带一路"沿线国家对外投资存量最多的前10个国家和地区

排名	国家和地区	对外投资存量（亿美元）
1	中国	7295.85
2	新加坡	5763.96
3	俄罗斯	4318.65
4	马来西亚	1356.85
5	印度	1295.78
6	以色列	780.16
7	阿联酋	662.98
8	泰国	657.69
9	波兰	652.17
10	沙特	446.99

资料来源：《2015年世界投资报告》附表。

（3）对外并购概况

2014年"一带一路"沿线国家对外并购金额达到776.59亿美元，占当年全球对外并购总额的9.99%。图3.13显示，2001年以来，"一带一路"沿线国家对外并购金额占比于2009年和2013年达到峰值，对外并购金额占比分别达到11.86%和14.49%。

表3.6列出了2013年和2014年"一带一路"沿线国家对外并购金额最多的前10个国家。2014年中国对外并购金额达到395.80亿美元，占"一带一路"沿线国家对外并购总额的50.97%，成为"一带一路"沿线国家对外并购金额最多的国家。除中国外，新加坡、泰国、俄罗斯、菲律宾、印度尼西亚、捷克、科威特等均为"一带一路"沿线国家中较为重

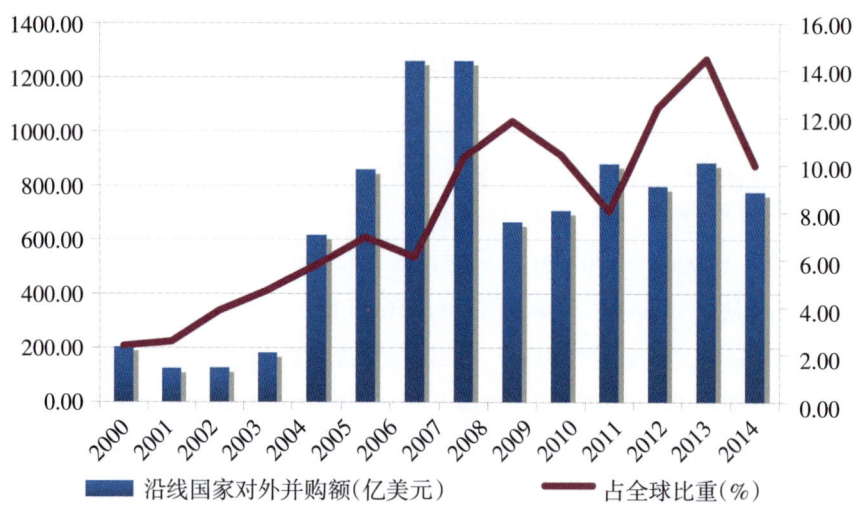

图 3.13 2001—2014 年"一带一路"沿线国家对外并购金额与占比

资料来源:《2015 年世界投资报告》附表。

要的对外并购资金来源国。

表 3.6 2013—2014 年"一带一路"沿线国家对外并购金额最多的前 10 个国家

排名	2013 年			2014 年		
	国家和地区	对外并购额（亿美元）	占沿线国家比重(%)	国家和地区	对外并购额（亿美元）	占沿线国家比重(%)
1	中国	501.48	56.64	中国	395.80	50.97
2	泰国	96.02	10.84	新加坡	166.74	21.47
3	新加坡	59.86	6.76	菲律宾	32.11	4.13
4	捷克	40.12	4.53	俄罗斯	16.85	2.17
5	阿联酋	33.26	3.76	以色列	14.64	1.89
6	印度尼西亚	29.23	3.30	科威特	14.14	1.82
7	印度	16.19	1.83	印度尼西亚	11.76	1.51
8	以色列	6.76	0.76	波兰	11.40	1.47
9	土耳其	5.90	0.67	印度	10.84	1.40
10	沙特	5.20	0.59	马来西亚	10.56	1.36

资料来源:《2015 年世界投资报告》附表。

3.2 中国对沿线国家的海外直接投资

随着"一带一路"战略构想的提出和逐步实施,"一带一路"沿线各国间的跨境投资活动将迎来一个快速发展阶段。限于数据,本篇重点分析中国对"一带一路"沿线国家的海外直接投资活动。

3.2.1 中国对沿线国家的海外直接投资流量分析

据《2014年度中国对外直接投资统计公报》,2014年中国对外直接投资流量达到1231.2亿美元,居世界第三位,仅次于美国和中国香港,同比增长14.2%。2014年中国对"一带一路"沿线国家对外直接投资额达到136.56亿美元,占中国当年对外直接投资总额的11.09%。如图3.14所示,2008年以来中国对"一带一路"沿线国家投资流量占比一路攀升,由2008年的4.05%上升到2014年的11.09%,投资流量规模也由2008年的45.28亿美元上升到2014年的136.56亿美元,年均增长率达到22.78%。

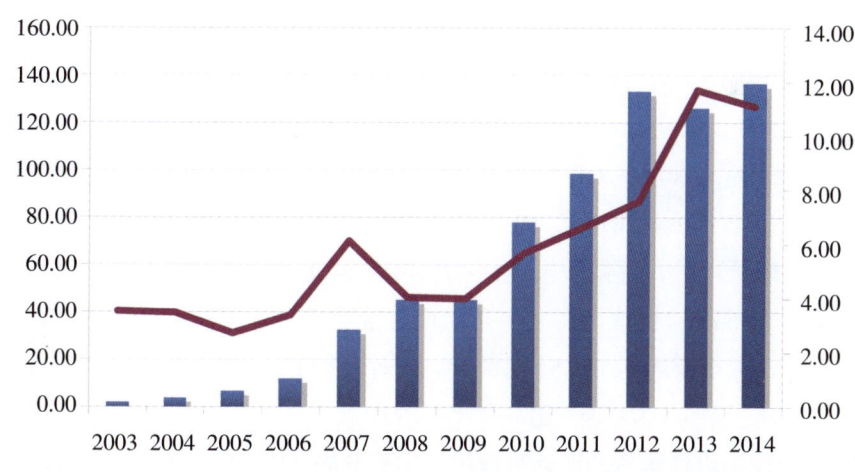

图3.14 2003—2014年中国对"一带一路"沿线国家投资流量及占比

资料来源:《2014年度中国对外直接投资统计公报》。

3.2.2 中国对沿线国家的海外直接投资存量分析

据商务部统计,截至2014年年底,中国1.85万家境内投资者共在全球186个国家和地区设立了2.97万家境外企业,对外直接投资存量达到8826.4亿美元,位列世界第八位;年末境外企业资产总额近3.1万亿美元,境外企业员工总数185.5万人,其中外方员工达到83.3万人。

2014年中国对"一带一路"沿线国家投资存量达到924.60亿美元,占当年中国海外投资存量总额的10.48%。实际上,2011年以前,中国对"一带一路"沿线国家的投资存量占比不超过5%,2012年创历史最高水平,达到14.31%,随后两年虽有所回落,但仍保持在10%以上。

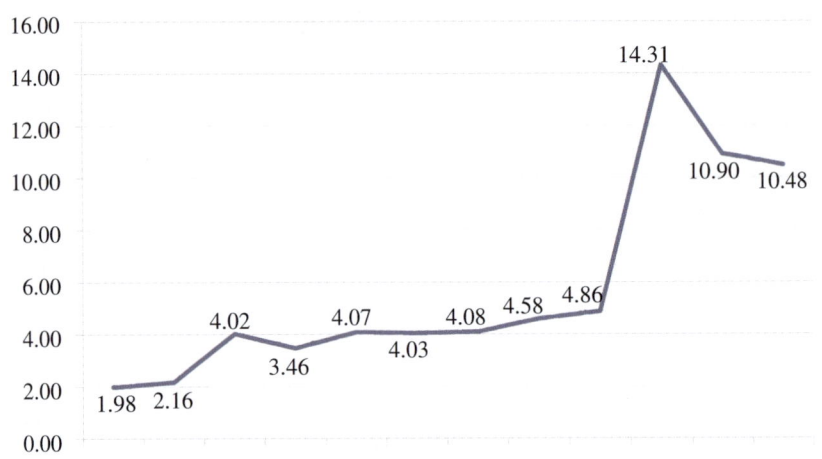

图3.15 2003—2014年中国对"一带一路"主要地区投资存量占比(%)

资料来源:《2014年度中国对外直接投资统计公报》。

图3.16显示,2014年中国对"一带一路"沿线国家投资存量主要分布在东南亚地区,存量规模达到476.48亿美元,占中国对沿线国家投资存量的51.53%。西亚地区和中东欧地区紧随其后。中国对西亚地区的海外投资存量规模达到112.55亿美元,占比12.17%;对中亚地区海外投资存量规模达到100.94亿美元,占比10.92%。

3.2.3 中国对沿线国家的海外直接投资国别分布

2014年中国对"一带一路"沿线国家投资流量最多的五个国家包括:新加坡(28.14亿美元,占比20.60%)、印度尼西亚(12.72亿美元,占比9.31%)、老挝(10.27亿美元,占比7.52%)、巴基斯坦(10.14亿美元,占比7.43%)、泰国(8.39亿美元,占比6.15%)。五国流量之和占到中国对"一带一路"沿线国家投资流量总额的51.01%。

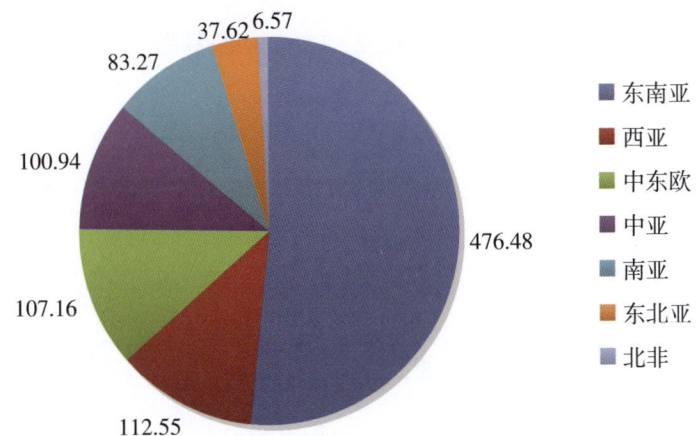

图 3.16 2014 年中国对"一带一路"主要地区投资存量分布（亿美元）

资料来源：《2014 年度中国对外直接投资统计公报》。

表 3.7 2014 年中国对"一带一路"沿线国家投资流量最多的前 20 个国家

排名	国家和地区	中国对该国投资流量（亿美元）	占中国海外投资流量总额比重（%）
1	新加坡	28.14	20.60
2	印度尼西亚	12.72	9.31
3	老挝	10.27	7.52
4	巴基斯坦	10.14	7.43
5	泰国	8.39	6.15
6	阿联酋	7.05	5.17
7	俄罗斯	6.34	4.64
8	伊朗	5.93	4.34
9	马来西亚	5.21	3.82
10	蒙古	5.03	3.68
11	柬埔寨	4.38	3.21
12	缅甸	3.43	2.51
13	越南	3.33	2.44
14	印度	3.17	2.32
15	菲律宾	2.25	1.65
16	格鲁吉亚	2.24	1.64
17	土库曼斯坦	1.95	1.43
18	沙特	1.84	1.35
19	乌兹别克斯坦	1.81	1.32
20	埃及	1.63	1.19

资料来源：《2014 年度中国对外直接投资统计公报》。

2014年中国对"一带一路"沿线国家投资存量最多的五个国家包括：新加坡（206.40亿美元，占比22.32%）、俄罗斯（86.95亿美元，占比9.40%）、印度尼西亚（67.94亿美元，占比7.35%）、老挝（44.91亿美元，占比4.86%）、缅甸（39.26亿美元，占比4.25%）。五国存量之和占中国对"一带一路"沿线国家投资存量总额的48.18%，接近一半。

表3.8 2014年中国对"一带一路"沿线国家投资存量最多的前20个国家

排名	国家	中国对该国投资存量（亿美元）	占中国海外投资存量总额比重（%）
1	新加坡	206.40	22.32
2	俄罗斯	86.95	9.40
3	印度尼西亚	67.94	7.35
4	老挝	44.91	4.86
5	缅甸	39.26	4.25
6	蒙古	37.62	4.07
7	巴基斯坦	37.37	4.04
8	伊朗	34.84	3.77
9	印度	34.07	3.69
10	柬埔寨	32.22	3.49
11	泰国	30.79	3.33
12	越南	28.66	3.10
13	阿联酋	23.33	2.52
14	沙特	19.87	2.15
15	马来西亚	17.86	1.93
16	菲律宾	7.60	0.82
17	埃及	6.57	0.71
18	格鲁吉亚	5.46	0.59
19	土库曼斯坦	4.48	0.48
20	乌兹别克斯坦	3.92	0.42

资料来源：《2014年度中国对外直接投资统计公报》。

3.3 沿线国家投资环境分析

3.3.1 沿线国家国别风险分析

根据中国出口信用保险公司发布的 2015 年版国家风险参考评级数据，2015 年"一带一路"沿线国家国别风险最小的是新加坡、卡塔尔、文莱、阿联酋。排名最靠后的五个国家分别是也门、乌克兰、吉尔吉斯斯坦、东帝汶、叙利亚、阿富汗，多数都是政治动荡国家或受制裁国家。

表 3.9 2015 年"一带一路"沿线部分国家风险评级

高风险(7—9 级)	较高风险(6 级)	中等风险(5 级)	较低风险(4 级)	低风险(1—3 级)
伊拉克	巴基斯坦	斯里兰卡	科威特	新加坡
埃及	白俄罗斯	印度尼西亚	以色列	卡塔尔
孟加拉国	越南	土耳其	沙特	文莱
伊朗	菲律宾	泰国	斯洛文尼亚	阿联酋
黎巴嫩	阿尔巴尼亚	俄罗斯	爱沙尼亚	
缅甸	蒙古	塞尔维亚	阿曼	
摩尔多瓦	亚美尼亚	阿塞拜疆	马来西亚	
塔吉克斯坦	乌兹别克斯坦	约旦	立陶宛	
尼泊尔	波黑	巴林	斯洛伐克	
柬埔寨	格鲁吉亚	保加利亚	捷克	
也门	不丹	哈萨克斯坦		
乌克兰	马尔代夫	罗马尼亚		
吉尔吉斯斯坦	老挝	克罗地亚		
东帝汶		拉脱维亚		
叙利亚		匈牙利		
阿富汗		波兰		
		印度		
		土库曼斯坦		
		马其顿		
		黑山		

资料来源：中国出口信用保险公司发布的《国家风险分析报告 2015》国家风险参考评级 2015 版数据。

注：表中的国家风险参考评级共分 9 级，其中 1 级风险最低，9 级风险最高。

3.3.2 投资法规政策

据联合国贸易和发展会议（UNCTAD）发布的《2015 年世界投资报告》的统计，2014 年全球共有 37 个国家推出或调整了 63 项投资政策措施，除去中性或不确定的投资措施外，其中促进投资自由化的措施有 47 项，占比达到 83.93%，投资限制措施有 9 项，占比仅为 16.07%。

表 3.10　2010—2014 年国别投资政策变化情况

	2010	2011	2012	2013	2014
调整投资政策的国家数	55	49	54	59	37
投资政策调整数（项）	121	80	86	87	63
自由化措施	80	59	61	61	47
限制措施	37	20	20	23	9
中性或不确定	4	1	5	3	7

资料来源：UNCTAD.《2015 年世界投资报告》。

从近几年的变化趋势来看，自由化措施占比已由 2010 年的 68.38% 上升到 2014 年 83.93%。尽管 2013 年自由化措施占比略有下降，但整体改善趋势并未改变。

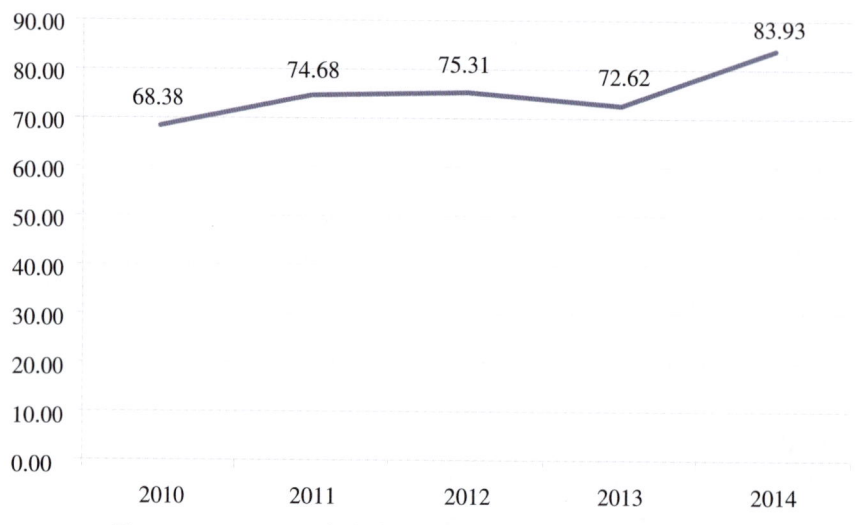

图 3.17　2010—2014 年全球促进投资自由化措施占投资措施比重

资料来源：UNCTAD.《2015 年世界投资报告》。

3.3.3 沿线国家投资环境整体评估

图 3.18 给出了"一带一路"沿线国家政治风险水平和营商环境指数分布。政治风险与营商环境两大因素基本上呈现正相关关系，即政治风险低的国家往往营商环境也优良。综合考虑政治风险和营商环境，东南亚地区的新加坡、马来西亚，西亚北非地区的阿联酋、卡塔尔，中东欧地区的爱沙尼亚、立陶宛、拉脱维亚等整体投资环境相对较好。

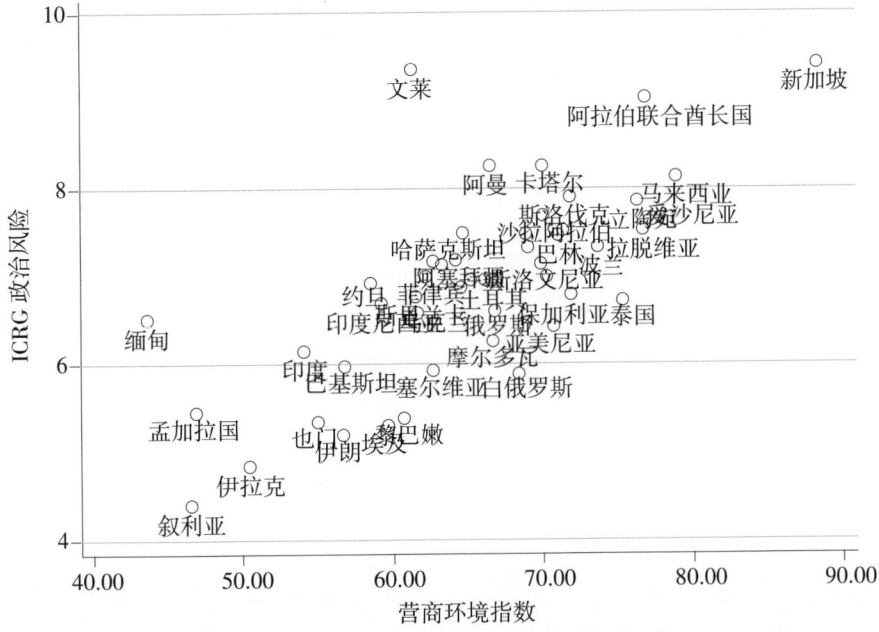

图 3.18 "一带一路"沿线国家政治风险水平和营商环境指数散点图

资料来源：政治风险水平整理自"国别风险国际指南"（ICRG）2013 年数据，营商环境指数来自《2015 年世界营商环境报告》。

4 合作篇

基础设施互联互通是"一带一路"建设的优先领域，资金融通则是"一带一路"建设的重要支撑。①

建立和完善沿线国家的交通、能源、电力、通信等基础设施网络，是沿线国家政治互信、经济融合、文化包容、文明互鉴共荣的物质基础。目前，基础设施建设的主要融资模式有以下几种。

4.1 亚洲基础设施投资银行

亚洲基础设施投资银行（Asian Infrastructure Investment Bank，AIIB，简称"亚投行"），由中国提议创建，是面向亚洲区域的政府间多边开发机构和专门的基础设施投融资平台，重点促进亚洲基础设施建设，推动亚洲经济持续稳定发展。亚投行于 2015 年 2 月 25 日宣告成立，2016 年 1 月 16 日至 18 日，举行开业仪式暨理事会和董事会成立大会。总部设在中国北京，法定资本 1000 亿美元。

亚投行现有 57 个创始成员国，包括亚洲 34 国、欧洲 18 国、大洋洲 2 国、南美洲 1 国、非洲 2 国，与"一带一路"沿线 65 国重合 36 个国家，其中亚洲重合 33 国，即东北亚 2 国、东南亚 10 国、南亚 6 国、中亚 4 国、西亚 11 国，非洲重合 1 国，欧洲重合 2 国，如表 4.1。

按照《亚洲基础设施投资银行协定》规定的原则，域内、域外成员出资比例为 75∶25，认缴股本参照 GDP 比重进行分配，同时尊重各国认缴意愿。目前，中国以 297.804 亿美元的认缴股本和 26.06% 的投票权，居亚投行第一大股东和投票权占比最高的国家，印度、俄罗斯分列第二、第三大股东。

亚投行主要通过贷款、股权投资及提供担保等方式，为亚洲及亚太

---

① 引自中国国务院三部委联合发布的《推动共建丝绸之路经济带和 21 世纪海上丝绸之路的愿景与行动》。

国家的交通、能源、电力、电信、农业和城市发展等基础设施建设项目提供融资支持，并于 2016 年第二季度正式启动首批项目，为电力、交通、供水三大领域基建项目提供贷款。①

表 4.1 亚投行成员国与"一带一路"沿线国家重合情况

亚投行成员国（重合度 63.16%）

亚投行独有	重合部分	沿线独有
东北亚 韩国		东南亚 东帝汶
大洋洲 澳大利亚		南亚 不丹
大洋洲 新西兰		中亚 土库曼斯坦
南美洲 巴西	东北亚 蒙古 / 中亚 哈萨克斯坦	南西亚 阿富汗
非洲 南非	东北亚 中国 / 中亚 吉尔吉斯斯坦	西亚 巴勒斯坦
欧洲 奥地利	东南亚 菲律宾 / 中亚 塔吉克斯坦	西亚 巴林
欧洲 冰岛	东南亚 柬埔寨 / 中亚 乌兹别克斯坦	西亚 黎巴嫩
欧洲 丹麦	东南亚 老挝 / 西亚 阿联酋	西亚 叙利亚
欧洲 德国	东南亚 马来西亚 / 西亚 阿曼	西亚 亚美尼亚
欧洲 法国	东南亚 缅甸 / 西亚 阿塞拜疆	西亚 也门
欧洲 芬兰	东南亚 泰国 / 西亚 格鲁吉亚	西亚 伊拉克
欧洲 荷兰	东南亚 文莱 / 西亚 卡塔尔	中东欧 阿尔巴尼亚
欧洲 卢森堡	东南亚 新加坡 / 西亚 科威特	中东欧 爱沙尼亚
欧洲 马耳他	东南亚 印度尼西亚 / 西亚 沙特	中东欧 白俄罗斯
欧洲 挪威	东南亚 越南 / 西亚 土耳其	中东欧 保加利亚
欧洲 葡萄牙	南亚 巴基斯坦 / 西亚 伊朗	中东欧 波黑
欧洲 瑞典	南亚 马尔代夫 / 西亚 以色列	中东欧 黑山
欧洲 瑞士	南亚 孟加拉国 / 西亚 约旦	中东欧 捷克
欧洲 西班牙	南亚 尼泊尔 / 北非 埃及	中东欧 克罗地亚
欧洲 意大利	南亚 斯里兰卡 / 中东欧 波兰	中东欧 拉脱维亚
欧洲 英国	南亚 印度 / 中东欧 俄罗斯	中东欧 立陶宛
		中东欧 罗马尼亚
		中东欧 马其顿
		中东欧 摩尔多瓦
		中东欧 塞尔维亚
		中东欧 斯洛伐克
		中东欧 斯洛文尼亚
		中东欧 乌克兰
		中东欧 匈牙利

"一带一路"沿线国家（重合度 55.38%）

注：表中重合度指重合国家数量占亚投行成员国或沿线国家总数的百分比。

①根据中国新闻网报道，2015 年 11 月 10 日，亚投行行长金立群在博鳌亚洲论坛金融合作会议上表示，亚投行首批项目将集中在电力、交通、供水领域。新闻网址：http://www.chinanews.com/cj/2015/11-10/7616235.shtml。

4.2 丝路基金

丝路基金是依照《中华人民共和国公司法》，由中国出资，按照市场化、国际化、专业化原则设立的中长期开发投资基金，通过股权、债权、贷款、基金等多元化投融资方式，为"一带一路"沿线国家的基础设施、资源开发、产业合作和金融合作等双边、多边互联互通相关项目提供投融资支持与服务。

2014年12月29日，丝路基金有限责任公司在中国北京注册成立，2016年1月6日正式运营。首期资本金615.25亿元人民币，即100亿美元，股东包括中国外汇储备、中国投资有限责任公司、中国进出口银行、国家开发银行。丝路基金具备类同私募基金（PE）的属性，秉持开放原则，欢迎境内外各类投资主体参与投融资项目合作。

表4.2 丝路基金首期资本金股东出资情况

丝路基金首期资本金100亿美元				
股东	中国外汇储备	中国投资有限责任公司	中国进出口银行	国家开发银行
出资额度	65亿美元	15亿美元	15亿美元	5亿美元
所占比例	65%	15%	15%	5%

资料来源：全国企业信用信息公示系统。

丝路基金已实际投资了若干项目，如：

2015年4月20日，丝路基金、三峡集团与巴基斯坦私营电力和基础设施委员会签署《关于联合开发巴基斯坦水电项目的谅解合作备忘录》。丝路基金对承建卡洛特水电站项目[①]的三峡南亚公司进行了股权和债权投资，认购该公司15%的股份，并与中国进出口银行、国家开发银行、国际金融公司组成银团，向该项目提供2亿美元的贷款。2016年1月10日，卡洛特水电站主体工程已正式开工。

2016年1月19日，沙特国际电力和水务公司（ACWA Power）宣布，

---

① 卡洛特水电站规划装机容量720兆瓦，年发电32.13亿度，总投资额约16.5亿美元，计划采取BOT（建设—经营—转让）模式运作，于2020年投入运营。

和中国丝路基金公司签署《关于共同开发阿联酋及埃及电站的谅解备忘录》,共同开拓中东、北非地区的投资合作。

2016年1月21日,俄罗斯政府批准丝路基金认购俄罗斯亚马尔液化天然气项目[①]9.9%股份的中俄政府间协议。3月16日,俄罗斯诺瓦泰克公司宣布,丝路基金认购该项目9.9%股权的交易正式完成,诺瓦泰克从丝路基金获得了为期15年的融资,中国持股比例增至29.9%,成为该天然气项目的第二大股东。

4.3 其他国际金融机构

(1) 金砖国家新开发银行

金砖国家新开发银行,2012年提出此概念的初衷,是金砖五国中国、俄罗斯、印度、巴西、南非为应对金融危机对货币稳定的冲击,共同出资构筑一个资金池,保障各国金融安全。

2013年3月27日,金砖国家宣布成立金砖国家开发银行。2014年7月15日,金砖五国在巴西签署《成立新开发银行的协议》,不仅设立了契合初衷的1000亿美元金砖应急储备安排基金,还规定了用于投资的初始授权资本1000亿美元,五国均摊初始认购资本500亿美元;金砖国家各占11%的股权,其余45%向五国之外的成员国开放;总部设在中国上海。2015年7月21日正式开业,更名为金砖国家新开发银行。

表4.3 金砖国家新开发银行成员国出资情况

初始认购资本500亿美元					
成员国	中国	俄罗斯	印度	巴西	南非
出资额度	100亿美元	100亿美元	100亿美元	100亿美元	100亿美元
应急储备安排基金1000亿美元					
成员国	中国	俄罗斯	印度	巴西	南非
出资额度	410亿美元	180亿美元	180亿美元	180亿美元	50亿美元
所占比例	41%	18%	18%	18%	5%

---

① 亚马尔项目号称全球最大的液化天然气项目,分别占目前俄罗斯、全球天然气开采量的90%和17%。

自此，金砖国家新开发银行具备了资助金砖国家及其他发展中国家基础设施建设的融资职能，并优先考虑对金砖国家基础设施建设进行扶持。

（2）中国—欧亚经济合作基金

中国—欧亚经济合作基金，由中国国家主席习近平在2014年9月上合组织元首峰会上宣布启动筹建，2015年12月21日正式投入运营。由中国进出口银行和中国银行共同发起，同时也与欧亚国家和区域性金融机构共同投资，总规模50亿美元。基金顾问公司设在中国北京。

该基金是政府指导、市场化运作、自主经营、自担风险的私募股权投资基金，通过股权或准股权方式①，投资上合组织成员国、观察员国和对话伙伴国域内的基础设施、能源资源及加工、物流、信息技术、制造业、农业等行业，并逐步将投资地域扩展到丝绸之路经济带域内国家，深化上合组织区域内经济合作，推动丝绸之路经济带建设，提升我国与欧亚区域内国家的经济合作水平。

（3）上海合作组织银行联合体

上海合作组织银行联合体成立于2005年10月，成员包括中国国家开发银行、哈萨克斯坦开发银行、俄罗斯开发与外经银行、塔吉克斯坦国家储蓄银行、乌兹别克斯坦对外经济活动银行、吉尔吉斯斯坦储蓄结算银行。

该联合体旨在按照市场化原则，依托成员国政府的推动作用和企业的广泛参与，创建适合本地区特点的多领域、多样化融资合作模式，共同为上海合作组织框架内的合作项目提供融资支持和金融服务，其中包括优先支持工业、基础设施（包括建筑、交通、能源等）、农业、民生及环保等领域的项目和企业，促进成员国经济社会可持续发展。

（4）中国—东盟银行联合体

中国—东盟银行联合体正式成立于2010年10月29日，由中国国家开发银行发起，中国与东盟各国分别选派一家具有影响力的银行共同组建，成员包括文莱伊斯兰银行、柬埔寨加华银行、印度尼西亚曼迪利银

---

① 该基金鼓励以人民币对外投资。

行、老挝开发银行、马来西亚联昌国际银行、缅甸外贸银行、菲律宾BDO银行、新加坡星展银行、泰国泰华农民银行（大众）有限公司、越南投资发展银行和中国国家开发银行。

其宗旨在于服务中国—东盟金融发展，促进相互贸易与投资，为成员国政府支持的基础设施等项目提供融资及金融服务，向成员国农业、交通、通信、能源、旅游和湄公河流域开发等重点合作领域提供更广泛的金融服务，增强区域经济发展内生动力，积极应对经济全球化带来的机遇和挑战。

(5) 欧洲复兴开发银行

欧洲复兴开发银行（European Bank for Reconstruction and Development，EBRD）成立于1991年，当时拥有100亿欧洲货币单位，约合120亿美元的资本，现有资本200亿欧元，入账30%，总部设在英国伦敦，是欧洲最重要的区域性多边开发金融机构之一。成立初衷是帮助中东欧国家向市场经济转化，目前业务范围已覆盖中东欧、东南欧、西亚、中亚等地区，为这些地区的经济转型与发展提供投融资支持，主要投资目标是上述地区国家的私营企业和基础设施。

2016年1月15日中国正式成为欧洲复兴开发银行非借款成员国后，该银行现共有67个股东，包括欧盟、欧洲投资银行2个机构成员和65个成员国，成员国又分为36个借款成员国和29个非借款成员国，其中36个借款成员国均在"一带一路"沿线。

中国的加入，将有助于"一带一路"发展战略与欧洲投资计划对接，促进官方与私营部门合作，推动中国参与该行在中东欧、地中海东部和南部及中亚等地区的投资项目与金融合作。

(6) 亚洲开发银行

亚洲开发银行（Asian Development Bank，ADB，简称"亚行"），是亚太地区的区域性政府间金融机构，于1966年11月正式成立，并于12月正式营业，总部设在菲律宾马尼拉。亚行旨在帮助亚太地区发展中国家减贫脱贫，提供政策指导、金融援助，促进亚太经济发展，主要通过开展政策对话、提供贷款、担保、技术援助和赠款等方式，支持其成员在基础设施、能源、环保、教育和卫生等领域的发展。

亚行现有67个成员，包括48个亚太地区域内成员，以及19个欧洲、北美洲的域外成员，中国于1986年3月成为该行正式成员。目前注册资本超过1500亿美元，日本、美国并列亚行最大股东，各持有15.571%的股份，以及各拥有12.756%的投票权，中国为第三大股东，持股6.429%，拥有5.442%的投票权。

（7）世界银行

世界银行集团（World Bank，WB，简称"世界银行"），是最重要的国际性政府间金融机构之一，同时也是联合国的专门机构，由国际复兴开发银行、国际开发协会、国际金融公司、多边投资担保机构和解决投资争端国际中心五个成员机构组成，成立于1945年，1946年6月正式营业，总部设在美国华盛顿。设立初衷是帮助第二次世界大战后各国的重建与经济复兴，目前转为向发展中国家提供中长期贷款、投资与援助，促进发展中国家消除贫困，推动其经济和社会发展。

加强金融合作，建设投融资体系，为沿线国家基础设施建设提供融资渠道，是解决沿线多数国家对改善基础设施、推动经济发展的迫切需求与所需巨额资金缺口这一现实矛盾的有效方法，也是紧密结合沿线少数国家工业产能优势、资本优势、技术优势与多数国家基础设施建设巨大需求，有力推进沿线国家基础设施建设的可靠路径。

附录

附表1 丝绸之路经济带沿线各国 146 个主要城市

(a)北线：中国—俄罗斯—欧洲（波罗的海）沿线各国36个主要城市

序号	城市/港口	国家	地区
1	丹东	中国	东北亚
2	图们	中国	东北亚
3	绥芬河	中国	东北亚
4	哈尔滨	中国	东北亚
5	黑河	中国	东北亚
6	满洲里	中国	东北亚
7	长春	中国	东北亚
8	沈阳	中国	东北亚
9	北京	中国	东北亚
10	天津	中国	东北亚
11	二连浩特	中国	东北亚
12	乌兰巴托	蒙古	东北亚
13	符拉迪沃斯托克	俄罗斯	中东欧
14	哈巴罗夫斯克	俄罗斯	中东欧
15	别洛戈尔斯克	俄罗斯	中东欧
16	斯科沃罗季诺	俄罗斯	中东欧
17	赤塔	俄罗斯	中东欧
18	乌兰乌德	俄罗斯	中东欧
19	伊尔库茨克	俄罗斯	中东欧
20	克拉斯诺亚尔斯克	俄罗斯	中东欧
21	新西伯利亚	俄罗斯	中东欧
22	鄂木斯克	俄罗斯	中东欧
23	彼得罗巴甫尔	哈萨克斯坦	中亚
24	科克舍套	哈萨克斯坦	中亚
25	阿斯塔纳	哈萨克斯坦	中亚
26	卡拉干达	哈萨克斯坦	中亚
27	叶卡捷琳堡	俄罗斯	中东欧
28	喀山	俄罗斯	中东欧
29	莫斯科	俄罗斯	中东欧
30	圣彼得堡	俄罗斯	中东欧
31	明斯克	白俄罗斯	中东欧
32	布列斯特	白俄罗斯	中东欧

续表1

序号	城市/港口	国家	地区
33	华沙	波兰	中东欧
34	维尔纽斯	立陶宛	中东欧
35	里加	拉脱维亚	中东欧
36	塔林	爱沙尼亚	中东欧

(b)中线：中国—中亚—西亚—欧洲（波罗的海）沿线各国47个主要城市

序号	城市/港口	国家	地区
1	连云港	中国	东北亚
2	徐州	中国	东北亚
3	郑州	中国	东北亚
4	上海	中国	东北亚
5	杭州	中国	东北亚
6	武汉	中国	东北亚
7	重庆	中国	东北亚
8	成都	中国	东北亚
9	西安	中国	东北亚
10	银川	中国	东北亚
11	兰州	中国	东北亚
12	乌鲁木齐	中国	东北亚
13	阿拉山口	中国	东北亚
14	霍尔果斯	中国	东北亚
15	阿克托盖（阿克斗卡）	哈萨克斯坦	中亚
16	阿拉木图	哈萨克斯坦	中亚
17	比什凯克	吉尔吉斯斯坦	中亚
18	克孜勒奥尔达	哈萨克斯坦	中亚
19	阿克托别	哈萨克斯坦	中亚
20	奥伦堡	俄罗斯	中东欧
21	萨马拉	俄罗斯	中东欧
29	塔什干	乌兹别克斯坦	中亚
30	撒马尔罕	乌兹别克斯坦	中亚
31	杜尚别	塔吉克斯坦	中亚
32	马雷	土库曼斯坦	中亚
33	马什哈德	伊朗	西亚
34	德黑兰	伊朗	西亚
35	大不里士	伊朗	西亚
36	巴库	阿塞拜疆	西亚
37	马哈奇卡拉	俄罗斯	中东欧

续表2

序号	城市/港口	国家	地区
38	埃里温	亚美尼亚	西亚
39	第比利斯	格鲁吉亚	西亚
40	克拉斯诺达尔	俄罗斯	中东欧
41	顿河畔罗斯托夫	俄罗斯	中东欧
42	卢甘斯克	乌克兰	中东欧
43	哈尔科夫	乌克兰	中东欧
44	基辅	乌克兰	中东欧
45	克拉科夫	波兰	中东欧
46	基希讷乌	摩尔多瓦	中东欧
47	布拉迪斯拉发	斯洛伐克	中东欧

注：本表序号22—28所列城市与表（a）序号29、31—36所列城市相同，故未列入。

(c) 南线：中国—中亚—西亚—波斯湾—地中海—欧洲沿线各国42个主要城市

序号	城市/港口	国家	地区
1	广州	中国	东北亚
2	深圳	中国	东北亚
3	南宁	中国	东北亚
4	贵阳	中国	东北亚
5	昆明	中国	东北亚
6	瑞丽	中国	东北亚
7	密支那	缅甸	东南亚
8	曼德勒	缅甸	东南亚
9	达卡	孟加拉国	南亚
10	加尔各答	印度	南亚
11	瓦拉纳西（贝拿勒斯）	印度	南亚
12	勒克瑙	印度	南亚
13	新德里	印度	南亚
14	拉合尔	巴基斯坦	南亚
15	伊斯兰堡	巴基斯坦	南亚
16	喀什	中国	东北亚
17	苏库尔	巴基斯坦	南亚
18	斋浦尔	印度	南亚
19	卡拉奇	巴基斯坦	南亚
20	扎黑丹	伊朗	西亚
21	伊斯法罕	伊朗	西亚
24	马拉蒂亚	土耳其	西亚
25	阿勒颇	叙利亚	西亚

续表3

序号	城市/港口	国家	地区
26	贝鲁特	黎巴嫩	西亚
27	特拉维夫	以色列	西亚
28	安曼	约旦	西亚
29	开罗	埃及	北非
30	安卡拉	土耳其	西亚
31	伊斯坦布尔	土耳其	西亚
32	索非亚	保加利亚	中东欧
33	贝尔格莱德	塞尔维亚	中东欧
34	斯科普里	马其顿	中东欧
35	地拉那	阿尔巴尼亚	中东欧
36	波德戈里察	黑山	中东欧
37	萨拉热窝	波黑	中东欧
38	萨格勒布	克罗地亚	中东欧
39	卢布尔雅那	斯洛文尼亚	中东欧
40	布加勒斯特	罗马尼亚	中东欧
41	布达佩斯	匈牙利	中东欧
42	布拉格	捷克	中东欧

注：本表序号22、23所列城市与表（b）序号34、35所列城市相同，故未列入。

(d) 东南亚线：中国—东南亚沿线各国21个主要城市

序号	城市/港口	国家	地区
4	河内	越南	东南亚
5	胡志明市	越南	东南亚
6	金边	柬埔寨	东南亚
13	内比都	缅甸	东南亚
14	仰光	缅甸	东南亚
15	勐腊（磨憨）	中国	东北亚
16	万象	老挝	东南亚
17	廊开	泰国	东南亚
18	曼谷	泰国	东南亚
19	吉隆坡	马来西亚	东南亚
20	新加坡	新加坡	东南亚
21	雅加达	印度尼西亚	东南亚

注：1. 本表序号1—3所列城市与表（c）1—3所列城市相同，故未列入；
2. 本表序号7、10—12所列城市与表（c）4—6、8所列城市相同，故未列入；
3. 本表序号8、9所列城市与表（b）7、8所列城市相同，故未列入。

附表 2　21 世纪海上丝绸之路沿线各国 131 个主要港口

(a) 中国—红海—波斯湾线沿线各国 49 个主要港口

序号	城市/港口	国家	地区
1	大连港	中国	东北亚
2	营口港	中国	东北亚
3	秦皇岛港	中国	东北亚
4	天津港	中国	东北亚
5	烟台港	中国	东北亚
6	青岛港	中国	东北亚
7	日照港	中国	东北亚
8	连云港	中国	东北亚
9	上海港	中国	东北亚
10	南通港	中国	东北亚
11	苏州港	中国	东北亚
12	镇江港	中国	东北亚
13	南京港	中国	东北亚
14	宁波—舟山港	中国	东北亚
15	温州港	中国	东北亚
16	福州港	中国	东北亚
17	厦门港	中国	东北亚
18	汕头港	中国	东北亚
19	深圳港	中国	东北亚
20	广州港	中国	东北亚
21	珠海港	中国	东北亚
22	湛江港	中国	东北亚
23	防城港	中国	东北亚
24	海口港	中国	东北亚
25	海防港	越南	东南亚
26	西哈努克港	柬埔寨	东南亚
27	曼谷港	泰国	东南亚
28	新加坡港	新加坡	东南亚
29	巴生港	马来西亚	东南亚
30	杜迈港	印度尼西亚	东南亚
31	勿拉湾港	印度尼西亚	东南亚
32	仰光港	缅甸	东南亚
33	皎漂港	缅甸	东南亚
34	吉大港	孟加拉国	南亚
35	钦奈港	印度	南亚
36	科伦坡港	斯里兰卡	南亚
37	汉班托塔港	斯里兰卡	南亚

续表1

序号	城市/港口	国家	地区
38	孟买港	印度	南亚
39	卡拉奇港	巴基斯坦	南亚
40	瓜达尔港	巴基斯坦	南亚
41	阿巴斯港	伊朗	西亚
42	巴士拉港	伊拉克	西亚
43	科威特城	科威特	西亚
44	达曼港	沙特	西亚
45	哈里发·本·萨勒曼港	巴林	西亚
46	多哈港	卡塔尔	西亚
47	阿布扎比港	阿联酋	西亚
48	迪拜港	阿联酋	西亚
49	马斯喀特港	阿曼	西亚

注：1. 本表序号1—28所列港口为中国—波斯湾线、中国—红海—地中海/黑海线、中国—南太平洋线沿线港口；

2. 本表序号29—37所列港口为中国—波斯湾线、中国—红海—地中海/黑海线。

(b) 中国—红海—地中海/黑海线沿线各国46个主要港口

序号	城市/港口	国家	地区
38	马累港	马尔代夫	南亚
39	亚丁港	也门	西亚
40	荷台达港	也门	西亚
41	吉达港	沙特	西亚
42	亚喀巴港	约旦	西亚
43	苏伊士港	埃及	北非
44	塞得港	埃及	北非
45	亚历山大港	埃及	北非
46	伊斯坦布尔港	土耳其	西亚

注：本表1—37与表(a)序号1—37所列港口相同，故未列入。

(c) 中国—南太平洋线沿线各国36个主要港口

序号	城市/港口	国家	地区
29	马尼拉港	菲律宾	东南亚
30	宿务港	菲律宾	东南亚
31	哥打基纳巴卢港	马来西亚	东南亚
32	斯里巴加湾港	文莱	东南亚
33	雅加达港	印度尼西亚	东南亚
34	三宝垄港	印度尼西亚	东南亚
35	泗水港	印度尼西亚	东南亚
36	帝力港	东帝汶	东南亚

注：本表1—28与表(a)序号1—28所列港口相同，故未列入。

附表3 2014年"一带一路"沿线国家基本概况和宏观经济指标

所处地区	国家和地区	面积(万平方公里)	人口(亿人)	人口增长率(%)	人口密度(人/平方公里)	国内生产总值(亿美元,现价)	国内生产总值(亿美元,2005年不变价)	GDP年均增长率(%)	购买力平价计算的国内生产总值(亿国际元)	购买力平价的国内生产总值(亿国际元,2011年不变价)	人均国内生产总值(美元,现价)	人均国内生产总值(美元,2005年不变价)
中亚	哈萨克斯坦	272.49	0.17	1.48	6.40	2178.72	964.89	4.40	4188.79	3996.19	12601.70	5580.89
	吉尔吉斯斯坦	19.99	0.06	1.98	30.42	74.04	37.18	3.60	193.82	184.91	1269.14	637.26
	塔吉克斯坦	14.26	0.08	2.24	59.27	92.42	42.09	6.70	223.22	212.96	1114.01	507.39
	土库曼斯坦	48.81	0.05	1.27	11.29	479.32	205.59	10.30	821.21	783.45	9031.51	3873.77
	乌兹别克斯坦	44.74	0.31	1.69	72.30	626.44	295.14	8.10	1714.16	1635.35	2036.69	959.57
中东欧	阿尔巴尼亚	2.88	0.03	-0.10	105.64	132.12	112.80	2.17	298.27	293.38	4564.39	3897.13
	白俄罗斯	20.76	0.09	0.04	46.67	761.39	473.34	1.59	1722.11	1642.93	8040.05	4998.28
	保加利亚	11.10	0.07	-0.57	66.54	567.17	363.46	1.55	1200.40	1182.07	7851.27	5031.27
	波黑	5.12	0.04	-0.16	74.56	182.86	131.35	0.78	377.61	362.29	4790.05	3440.80
	捷克	7.89	0.11	-0.04	136.09	2052.70	1571.88	1.98	3195.99	3018.12	19529.84	14955.20
	爱沙尼亚	4.52	0.01	-0.33	30.99	264.85	162.66	2.91	353.97	349.58	20161.58	12382.07
	克罗地亚	5.66	0.04	-0.41	75.74	571.13	447.03	-0.36	898.97	849.08	13475.26	10547.22
	乌克兰	60.36	0.45	-0.28	78.30	1318.05	889.85	-6.80	3705.34	3534.97	3082.46	2081.06
	匈牙利	9.30	0.10	-0.32	108.93	1383.47	1176.75	3.67	2437.86	2340.65	14028.72	11932.61
	立陶宛	6.53	0.03	-0.96	46.74	483.54	325.38	3.03	783.36	756.15	16506.86	11107.79
	拉脱维亚	6.45	0.02	-1.11	32.00	312.87	192.49	2.36	455.25	439.40	15719.24	9671.25
	马其顿	2.57	0.02	0.15	82.30	113.24	82.59	3.77	272.79	255.04	5455.59	3979.19

122

续表 1

所处地区	国家和地区	面积（万平方公里）	人口（亿人）	人口增长率(%)	人口密度（人/平方公里）	国内生产总值（亿美元，现价）	国内生产总值（亿美元，2005年不变价）	GDP年均增长率(%)	购买力平价计算的国内生产总值（亿国际元）	购买力平价计算的国内生产总值（亿国际元，2011年不变价）	人均国内生产总值（美元，现价）	人均国内生产总值（美元，2005年不变价）
中东欧	俄罗斯	1709.83	1.44	0.22	8.78	18605.98	9998.33	0.64	37451.57	34028.75	12735.92	6843.92
	黑山	1.38	0.01	0.10	46.23	45.88	29.66	1.78	89.15	90.37	7378.46	4770.47
	波兰	31.27	0.38	-0.12	124.08	5449.67	4277.39	3.33	9401.79	9109.74	14342.91	11257.60
	罗马尼亚	23.84	0.20	-0.36	86.56	1990.44	1245.73	2.78	3863.00	3802.63	9996.67	6256.51
	摩尔多瓦	3.39	0.04	-0.06	123.84	79.62	42.35	4.60	177.20	169.06	2238.90	1190.70
	塞尔维亚	8.84	0.07	-0.49	81.52	438.66	302.68	-1.81	902.56	906.64	6152.87	4245.54
	斯洛伐克	4.90	0.05	0.09	112.68	1002.49	855.99	2.52	1501.55	1434.31	18501.15	15797.52
	斯洛文尼亚	2.03	0.02	0.11	102.39	494.91	395.33	3.05	617.90	580.58	23999.13	19170.20
东北亚	中国	956.29	13.64	0.51	145.32	103548.32	52700.61	7.27	180170.73	171886.86	7590.02	3862.92
	蒙古	156.41	0.03	1.76	1.87	120.16	54.77	7.82	347.60	331.62	4129.37	1882.38
南亚	孟加拉国	14.85	1.59	1.21	1222.08	1728.87	1188.90	6.06	4967.58	4739.19	1086.81	747.37
	不丹	3.84	0.01	1.36	20.07	19.59	15.73	5.46	59.79	57.04	2560.50	2056.28
	印度	328.73	12.95	1.23	435.66	20485.17	15983.24	7.29	73840.99	70445.94	1581.51	1233.95
	斯里兰卡	6.56	0.21	0.76	329.12	788.24	424.95	4.46	2307.70	2201.60	3819.16	2058.95
	马尔代夫	0.03	0.00	2.02	1336.67	30.62	20.94	6.48	50.24	47.93	7635.48	5221.95
	尼泊尔	14.72	0.28	1.21	196.54	197.70	120.14	5.38	668.93	638.17	701.68	426.41
	巴基斯坦	79.61	1.85	2.10	240.04	2436.32	1505.72	4.74	8903.15	8493.80	1316.61	813.71
东南亚	文莱	0.58	0.00	1.42	79.20	171.05	98.68	-2.34	297.12	283.46	40979.64	23640.82

续表 2

所处地区	国家和地区	面积(万平方公里)	人口(亿人)	人口增长率(%)	人口密度(人/平方公里)	国内生产总值(亿美元,现价)	国内生产总值(亿美元,2005年不变价)	GDP年均增长率(%)	购买力平价计算的国内生产总值(亿国际元)	购买力平价计算的国内生产总值(亿国际元,2011年不变价)	人均国内生产总值(美元,现价)	人均国内生产总值(美元,2005年不变价)
	印度尼西亚	191.09	2.54	1.26	140.46	8885.38	4717.10	5.02	26761.09	25530.67	3491.93	1853.81
	柬埔寨	18.10	0.15	1.64	86.84	167.78	114.89	7.07	500.10	477.11	1094.58	749.55
	老挝	23.68	0.07	1.65	28.98	119.97	54.74	7.52	355.93	339.56	1793.47	818.33
	缅甸	67.66	0.53	0.85	81.82	643.30	**	8.50	**	**	1203.84	**
东南亚	马来西亚	33.08	0.30	1.47	91.01	3381.04	2202.35	5.99	7666.45	7313.96	11307.06	7365.24
	菲律宾	30.00	0.99	1.59	332.49	2847.77	1647.76	6.13	6908.94	6591.29	2872.51	1662.07
	新加坡	0.07	0.05	1.30	7736.49	3078.60	2083.29	2.92	4526.91	4318.77	56284.58	38087.83
	泰国	51.31	0.68	0.41	132.56	4048.24	2552.45	0.87	10656.73	10166.76	5977.38	3768.79
	东帝汶	1.49	0.01	2.68	81.51	14.17	9.32	7.00	26.99	25.75	1169.04	769.20
	越南	33.10	0.91	1.13	292.61	1862.05	977.99	5.98	5107.15	4872.33	2052.29	1077.91
	阿富汗	65.29	0.32	3.03	48.44	200.38	128.49	1.31	611.33	583.22	633.57	406.25
	阿联酋	8.36	0.09	0.51	108.69	3994.51	2495.78	4.57	6148.97	5866.25	43962.71	27467.97
	巴林	0.08	0.01	0.92	1768.74	338.51	243.77	4.48	619.68	591.19	24855.22	17899.21
	伊朗	174.52	0.78	1.28	47.98	4253.26	2767.40	4.34	13520.85	12899.19	5442.87	3541.43
西亚	伊拉克	43.52	0.35	3.01	80.15	2235.08	848.92	-2.12	5241.74	5000.73	6420.37	2438.56
	以色列	2.21	0.08	1.91	379.63	3056.75	2021.03	2.55	2729.91	2586.56	37207.99	24600.86
	约旦	8.93	0.07	2.25	74.42	358.27	190.16	3.10	796.16	759.56	5422.57	2878.22
	科威特	1.78	0.04	4.34	210.61	1636.12	995.80	-1.62	2749.00	2622.61	43593.70	26532.58

续表 3

所处地区	国家和地区	面积（万平方公里）	人口（亿人）	人口增长率(%)	人口密度（人/平方公里）	国内生产总值（亿美元，现价）	国内生产总值（亿美元，2005年不变价）	GDP年均增长率(%)	购买力平价计算的国内生产总值（亿国际元）	购买力平价计算的国内生产总值（亿国际元，2011年不变价）	人均国内生产总值（美元，现价）	人均国内生产总值（美元，2005年不变价）
西亚	黎巴嫩	1.05	0.05	1.18	444.45	457.31	329.94	2.00	793.97	757.46	10057.89	7256.51
	阿曼	30.95	0.04	8.09	13.69	817.97	466.15	2.89	1636.42	1561.18	19309.61	11004.32
	阿塞拜疆	8.66	0.10	1.28	115.39	751.98	312.43	2.00	1670.61	1593.80	7884.19	3275.71
	巴勒斯坦	0.60	0.04	2.96	713.40	127.38	59.69	-1.48	193.65	184.74	2965.90	1389.88
	格鲁吉亚	6.97	0.05	0.38	78.80	165.30	101.54	4.77	341.50	325.80	3669.98	2254.38
	卡塔尔	1.16	0.02	3.31	187.09	2101.09	1350.35	3.98	3054.99	2914.53	96732.40	62168.77
	沙特	214.97	0.31	2.24	14.37	7462.49	5233.51	3.47	16037.64	15300.26	24160.96	16944.31
	叙利亚	18.52	0.22	1.68	120.67	**	**	**	**	**	**	**
	土耳其	78.36	0.76	1.22	98.66	7984.29	6731.21	2.91	14578.63	14327.68	10515.01	8864.74
	亚美尼亚	2.97	0.03	0.47	105.59	116.44	71.02	3.50	242.59	231.43	3873.53	2362.46
	也门	52.80	0.26	2.52	49.59	**	**	**	**	**	**	**
北非	埃及	100.15	0.90	2.22	89.99	2865.38	1314.12	2.20	9432.67	8998.98	3198.70	1466.98

资料来源：世界银行 WDI 数据库。

附录

附表4 2014年"一带一路"沿线国家贸易概况

所处地区	国家和地区	货物出口（亿美元）	货物进口（亿美元）	贸易依存度（%）	服务进口总额（亿美元，BOP口径）	服务出口总额（亿美元，BOP口径）
中亚	哈萨克斯坦	782.38	412.13	54.83	**	**
	吉尔吉斯斯坦	15.00	55.00	94.54	12.31	8.97
	塔吉克斯坦	11.80	45.20	61.68	7.95	5.03
	土库曼斯坦	175.00	103.00	58.00	**	**
	乌兹别克斯坦	133.00	139.00	43.42	**	**
中东欧	阿尔巴尼亚	24.30	52.27	57.96	23.41	26.92
	白俄罗斯	362.88	407.88	101.23	56.21	78.20
	保加利亚	292.87	347.26	112.86	60.68	101.28
	波黑	58.92	109.90	92.32	5.52	17.90
	捷克	1737.79	1522.39	158.82	223.97	251.25
	爱沙尼亚	160.44	181.69	129.18	48.23	68.38
	克罗地亚	136.05	223.13	62.89	**	**
	乌克兰	541.99	543.30	82.34	124.77	147.80
	匈牙利	1107.40	1044.59	155.55	178.93	245.37
	立陶宛	323.65	351.48	139.62	57.62	78.24
	拉脱维亚	145.30	174.49	102.21	27.81	51.01
	马其顿	49.34	72.77	107.83	12.24	16.96
	俄罗斯	4966.61	3080.01	43.25	1210.22	657.44
	黑山	4.47	23.69	61.38	4.51	13.69
	波兰	2166.53	2180.70	79.77	**	**
	罗马尼亚	697.37	777.68	74.11	122.43	200.12
	摩尔多瓦	23.40	53.17	96.16	10.06	11.27
	塞尔维亚	148.13	204.37	80.36	**	**
	斯洛伐克	864.93	820.42	168.12	84.79	86.58
	斯洛文尼亚	361.10	340.33	141.73	50.60	73.29
东北亚	中国	23427.47	19602.90	41.56	**	**
	蒙古	57.75	52.37	91.64	**	**
南亚	孟加拉国	304.05	421.70	41.98	75.51	31.60
	不丹	5.55	8.10	69.69	2.21	1.32
	印度	3173.80	4604.12	37.97	1478.88	1562.09
	斯里兰卡	112.00	196.50	39.14	37.25	56.05
	马尔代夫	3.26	20.05	76.11	7.70	29.82
	尼泊尔	9.75	75.70	43.22	**	**

续表1

所处地区	国家和地区	货物出口（亿美元）	货物进口（亿美元）	贸易依存度(%)	服务进口总额(亿美元，BOP口径)	服务出口总额(亿美元，BOP口径)
南亚	巴基斯坦	247.14	476.36	29.70	82.17	57.64
东南亚	文莱	105.00	34.00	81.26	**	**
	印度尼西亚	1762.93	1781.79	39.89	335.39	235.31
	柬埔寨	108.00	135.00	144.83	**	**
	老挝	26.50	33.00	49.60	**	**
	缅甸	150.00	177.50	50.91	**	**
	马来西亚	2341.39	2088.64	131.03	**	**
	菲律宾	618.09	670.92	45.26	199.63	248.37
	新加坡	4097.69	3662.47	252.07	1415.59	1404.33
	泰国	2275.74	2279.52	112.52	531.76	552.91
	东帝汶	0.20	9.40	67.75	4.52	0.74
	越南	1504.75	1492.61	160.97	**	**
西亚	阿富汗	5.35	78.00	41.60	**	**
	阿联酋	3590.00	2620.00	155.46	**	**
	巴林	204.70	139.10	101.56	**	**
	伊朗	888.00	520.00	33.10	**	**
	伊拉克	889.68	590.00	66.20	**	**
	以色列	681.20	753.38	46.93	225.15	353.72
	约旦	82.15	228.66	86.75	**	**
	科威特	1088.63	332.70	86.87	237.88	62.68
	黎巴嫩	45.48	211.35	56.16	**	**
	阿曼	484.65	307.17	96.80	**	**
	阿塞拜疆	294.00	90.00	51.07	103.87	42.97
	巴勒斯坦	**	**	**	**	**
	格鲁吉亚	28.61	85.96	69.31	16.83	30.43
	卡塔尔	1342.50	366.00	81.31	328.59	135.26
	沙特	3535.10	1630.00	69.21	969.21	122.17
	叙利亚	20.00	67.00	**	**	**
	土耳其	1576.42	2421.83	50.08	253.99	505.74
	亚美尼亚	15.19	44.02	50.85	17.14	16.21
	也门	80.00	130.30	**	**	**
北非	埃及	270.91	674.95	33.01	174.91	218.98

资料来源：世界银行WDI数据库。

附表5 "一带一路"沿线国家前五大出口目的地及份额

地区名称	报告国	贸易伙伴	贸易额排名	数据年份	贸易额（千美元）	伙伴国贸易份额(%)
中亚	哈萨克斯坦	意大利	1	2014	16051565.1	20.52
		中国	2	2014	9815017.27	12.55
		荷兰	3	2014	8724476.19	11.15
		俄罗斯	4	2014	5178047.56	6.62
		法国	5	2014	4689704.36	5.99
	吉尔吉斯斯坦	瑞士	1	2013	513196.75	28.94
		哈萨克斯坦	2	2013	382453.24	21.57
		阿联酋	3	2013	221952.02	12.52
		乌兹别克斯坦	4	2013	159010.51	8.97
		俄罗斯	5	2013	152700.66	8.61
	土库曼斯坦	俄罗斯	1	2000	1029300.93	41.08
		意大利	2	2000	401345.66	16.02
		伊朗	3	2000	241958.78	9.66
		土耳其	4	2000	185996.24	7.42
		乌克兰	5	2000	164885.7	6.58
中东欧	阿尔巴尼亚	意大利	1	2014	1264463.49	52.02
		塞尔维亚	2	2014	193712.17	7.97
		西班牙	3	2014	158565.95	6.52
		马耳他	4	2014	151171.19	6.22
		土耳其	5	2014	95936.39	3.95
	保加利亚	德国	1	2014	3531031.43	12.02
		土耳其	2	2014	2754703.92	9.37
		意大利	3	2014	2631376.68	8.95
		罗马尼亚	4	2014	2324534.71	7.91
		希腊	5	2014	1967618.67	6.7
	波黑	德国	1	2014	893216.99	15.16
		意大利	2	2014	812616.64	13.79
		克罗地亚	3	2014	647141.45	10.98
		塞尔维亚	4	2014	540475.06	9.17
		奥地利	5	2014	512379.39	8.7
	捷克	德国	1	2014	55643924.4	32.03
		斯洛伐克	2	2014	14536284.5	8.37
		波兰	3	2014	10341112.9	5.95

续表1

地区名称	报告国	贸易伙伴	贸易额排名	数据年份	贸易额（千美元）	伙伴国贸易份额(%)
中东欧	捷克	英国	4	2014	8846251.63	5.09
		法国	5	2014	8816363.88	5.07
	爱沙尼亚	瑞典	1	2014	2887084.26	16.42
		俄罗斯	2	2014	2473755.39	14.07
		芬兰	3	2014	2454234.69	13.96
		拉脱维亚	4	2014	1715031.87	9.75
		立陶宛	5	2014	846334.28	4.81
	克罗地亚	意大利	1	2014	1921191.77	13.88
		波黑	2	2014	1641109.67	11.85
		斯洛文尼亚	3	2014	1571047.32	11.35
		德国	4	2014	1548656.07	11.19
		奥地利	5	2014	842623.71	6.09
	匈牙利	德国	1	2014	30808810	27.4
		奥地利	2	2014	6181127.74	5.5
		罗马尼亚	3	2014	6100141.62	5.43
		斯洛伐克	4	2014	5488576.22	4.88
		意大利	5	2014	5174818.35	4.6
	立陶宛	俄罗斯	1	2014	6755115.71	20.85
		拉脱维亚	2	2014	2971655.05	9.17
		波兰	3	2014	2673736.88	8.25
		德国	4	2014	2350316.65	7.26
		白俄罗斯	5	2014	1506766.3	4.65
	拉脱维亚	立陶宛	1	2014	2542786.54	18.69
		爱沙尼亚	2	2014	1615255.25	11.87
		俄罗斯	3	2014	1456752.85	10.71
		德国	4	2014	932409.64	6.85
		波兰	5	2014	881398.27	6.48
	马其顿	德国	1	2014	2043933.31	41.43
		塞尔维亚	2	2014	489110.21	9.91
		保加利亚	3	2014	326601.55	6.62
		意大利	4	2014	302337.43	6.13
		希腊	5	2014	226687.52	4.59
	黑山	塞尔维亚	1	2014	105818.76	24.01
		意大利	2	2014	46066.68	10.45

续表2

地区名称	报告国	贸易伙伴	贸易额排名	数据年份	贸易额（千美元）	伙伴国贸易份额(%)
中东欧	黑山	克罗地亚	3	2014	43792.28	9.94
		白俄罗斯	4	2014	43706.04	9.92
		波黑	5	2014	42136.1	9.56
	波兰	德国	1	2014	55615019.3	25.93
		英国	2	2014	13663254.2	6.37
		捷克	3	2014	13421228.5	6.26
		法国	4	2014	12018234.4	5.6
		意大利	5	2014	9721503.04	4.53
	塞尔维亚	意大利	1	2014	2576937.8	17.36
		德国	2	2014	1773186.33	11.95
		波黑	3	2014	1318985.15	8.89
		俄罗斯	4	2014	1029133.44	6.93
		罗马尼亚	5	2014	829556.37	5.59
	斯洛伐克	德国	1	2014	18891275.3	22
		捷克	2	2014	11008051	12.82
		波兰	3	2014	6901729.7	8.04
		奥地利	4	2014	5265055.58	6.13
		匈牙利	5	2014	5249283.31	6.11
	斯洛文尼	德国	1	2014	6117051.51	20.04
		意大利	2	2014	3624180.56	11.87
		奥地利	3	2014	2714215.24	8.89
		克罗地亚	4	2014	2357587.81	7.72
		法国	5	2014	1552377.73	5.09
	白俄罗斯	俄罗斯	1	2014	15071585.3	41.77
		乌克兰	2	2014	4056812.2	11.24
		英国	3	2014	2923966.2	8.1
		荷兰	4	2014	1708587	4.74
		德国	5	2014	1640618.2	4.55
	摩尔多瓦	罗马尼亚	1	2014	434042.06	18.55
		俄罗斯	2	2014	423717.63	18.11
		意大利	3	2014	243407.43	10.4
		德国	4	2014	137525.15	5.88
		白俄罗斯	5	2014	134694.18	5.76
	俄罗斯	荷兰	1	2013	69259511.3	13.14

续表 3

地区名称	报告国	贸易伙伴	贸易额排名	数据年份	贸易额（千美元）	伙伴国贸易份额(%)
中东欧	俄罗斯	中国	2	2013	35625420	6.76
		意大利	3	2013	29156005.8	5.53
		德国	4	2013	22962139.2	4.35
		日本	5	2013	19667507.6	3.73
	乌克兰	俄罗斯	1	2014	9799143.63	18.18
		土耳其	2	2014	3561436.2	6.61
		埃及	3	2014	2862068.29	5.31
		中国	4	2014	2674117.87	4.96
		波兰	5	2014	2645030.88	4.91
东北亚	中国	美国	1	2014	397104906	16.95
		中国香港	2	2014	363087890	15.5
		日本	3	2014	149410452	6.38
		韩国	4	2014	100334575	4.28
		德国	5	2014	72703322.1	3.1
	蒙古	中国	1	2014	5070107.41	87.8
		英国	2	2014	398740.2	6.91
		俄罗斯	3	2014	61607.28	1.07
		意大利	4	2014	51412.48	0.89
		瑞士	5	2014	28071.65	0.49
南亚	孟加拉国	美国	1	2011	5106780.03	21
		德国	2	2011	3781864.79	15.55
		英国	3	2011	2306383.45	9.49
		法国	4	2011	1560386	6.42
		西班牙	5	2011	1072977.03	4.41
	不丹	印度	1	2012	497716.61	93.69
		孟加拉国	2	2012	21910.11	4.12
		意大利	3	2012	2335.98	0.44
		日本	4	2012	2125.91	0.4
		尼泊尔	5	2012	2008.43	0.38
	印度	美国	1	2014	42684739.9	13.44
		阿联酋	2	2014	32919602	10.37
		中国	3	2014	13434250.5	4.23
		中国香港	4	2014	13412017.9	4.22
		沙特	5	2014	13063510.7	4.11

续表 4

地区名称	报告国	贸易伙伴	贸易额排名	数据年份	贸易额（千美元）	伙伴国贸易份额(%)
南亚	斯里兰卡	美国	1	2014	2723249.56	24.11
		英国	2	2014	1117946.82	9.9
		印度	3	2014	733402.78	6.49
		意大利	4	2014	614760.55	5.44
		德国	5	2014	503686.42	4.46
	马尔代夫	泰国	1	2014	46660.67	32.22
		法国	2	2014	20947.55	14.46
		美国	3	2014	13086.63	9.04
		德国	4	2014	9658.46	6.67
		斯里兰卡	5	2014	8743.29	6.04
	尼泊尔	印度	1	2013	578091.02	66.97
		美国	2	2013	68235.94	7.9
		德国	3	2013	33534.02	3.88
		中国	4	2013	20234.95	2.34
		英国	5	2013	19471.59	2.26
	巴基斯坦	美国	1	2014	3646508.51	14.75
		中国	2	2014	2252900.35	9.11
		阿富汗	3	2014	1879142.73	7.6
		英国	4	2014	1654644.9	6.69
		阿联酋	5	2014	1324075.47	5.36
东南亚	文莱	日本	1	2014	3910751.89	37.21
		韩国	2	2014	1152075.73	10.96
		印度	3	2014	957138.37	9.11
		澳大利亚	4	2014	795494.26	7.57
		印度尼西亚	5	2014	637063.49	6.06
	印度尼西亚	日本	1	2014	23127088.8	13.14
		中国	2	2014	17605944.5	10
		新加坡	3	2014	16752340	9.52
		美国	4	2014	16560075.8	9.41
		印度	5	2014	12248959.6	6.96
	柬埔寨	美国	1	2013	2174017.57	23.51
		中国香港	2	2013	1587785.46	17.17
		新加坡	3	2013	793575.17	8.58
		英国	4	2013	718846.98	7.77

续表 5

地区名称	报告国	贸易伙伴	贸易额排名	数据年份	贸易额（千美元）	伙伴国贸易份额(%)
东南亚	柬埔寨	德国	5	2013	615259.8	6.65
	缅甸	泰国	1	2010	3177246.77	41.67
		中国香港	2	2010	1611752.78	21.14
		印度	3	2010	958105.42	12.56
		中国	4	2010	476272.08	6.25
		新加坡	5	2010	276305.52	3.62
	马来西亚	新加坡	1	2014	33262666	14.21
		中国	2	2014	28222682.6	12.05
		日本	3	2014	25276972.7	10.8
		美国	4	2014	19702600	8.42
		泰国	5	2014	12307656.5	5.26
	菲律宾	日本	1	2014	13918859.5	22.52
		美国	2	2014	8732693.88	14.13
		中国	3	2014	8033653.09	13
		中国香港	4	2014	5593694.71	9.05
		新加坡	5	2014	4453918.28	7.21
	新加坡	中国	1	2014	51501102	12.57
		马来西亚	2	2014	48998142.3	11.96
		中国香港	3	2014	45108691.8	11.01
		印度尼西亚	4	2014	38370293.9	9.36
		美国	5	2014	24246905.5	5.92
	泰国	中国	1	2014	25084369.4	11.02
		美国	2	2014	23967866.6	10.53
		日本	3	2014	21820597.2	9.59
		马来西亚	4	2014	12764450.1	5.61
		中国香港	5	2014	12609968.2	5.54
	东帝汶	印度尼西亚	1	2013	18453.86	34.73
		德国	2	2013	7710.06	14.51
		美国	3	2013	7343.12	13.82
		澳大利亚	4	2013	5394.11	10.15
		新加坡	5	2013	2586.42	4.87
	越南	美国	1	2013	23869948.7	18.08
		日本	2	2013	13544245	10.26
		中国	3	2013	13177694.5	9.98

续表6

地区名称	报告国	贸易伙伴	贸易额排名	数据年份	贸易额（千美元）	伙伴国贸易份额(%)
东南亚	越南	韩国	4	2013	6682944.91	5.06
		马来西亚	5	2013	4984467.88	3.78
西亚	巴林	沙特	1	2014	3073302.34	17.04
		阿联酋	2	2014	1401869.69	7.77
		美国	3	2014	912271.89	5.06
		卡塔尔	4	2014	553004.66	3.07
		阿曼	5	2014	298297.39	1.65
	伊朗	中国	1	2011	5287384.11	4.05
		伊拉克	2	2011	4646790.45	3.56
		阿联酋	3	2011	4269593.85	3.27
		印度	4	2011	2593536.71	1.99
		阿富汗	5	2011	1883050.9	1.44
	以色列	美国	1	2014	18573786	26.93
		中国香港	2	2014	6129016	8.89
		英国	3	2014	3973619	5.76
		比利时	4	2014	3299311	4.78
		中国	5	2014	2792891	4.05
	约旦	美国	1	2014	1323266.7	15.78
		伊拉克	2	2014	1284319.08	15.32
		沙特	3	2014	1039254.08	12.39
		印度	4	2014	650844.51	7.76
		阿联酋	5	2014	332069.04	3.96
	科威特	中国	1	2014	1038831.02	1.03
		印度	2	2014	890766.14	0.88
		阿联酋	3	2014	839234.06	0.83
		沙特	4	2014	745801.9	0.74
		伊拉克	5	2014	683000.87	0.68
	黎巴嫩	叙利亚	1	2013	523818.53	13.3
		南非	2	2013	398057.14	10.11
		沙特	3	2013	346949.86	8.81
		阿联酋	4	2013	331763.42	8.43
		伊拉克	5	2013	272357.17	6.92
	阿曼	中国	1	2014	22347791.6	44.06
		韩国	2	2014	7496885.35	14.78

续表 7

地区名称	报告国	贸易伙伴	贸易额排名	数据年份	贸易额（千美元）	伙伴国贸易份额(%)
西亚	阿曼	日本	3	2014	3652379.23	7.2
		阿联酋	4	2014	2018266.71	3.98
		泰国	5	2014	1653697	3.26
	卡塔尔	日本	1	2014	33288665.7	25.3
		韩国	2	2014	24722646.9	18.79
		印度	3	2014	16739734.3	12.72
		中国	4	2014	10109150.4	7.68
		新加坡	5	2014	8093923.02	6.15
	叙利亚	伊拉克	1	2010	2294520.03	20.21
		意大利	2	2010	1520203.18	13.39
		德国	3	2010	1477110.79	13.01
		土耳其	4	2010	629200.21	5.54
		沙特	5	2010	542604	4.78
	土耳其	德国	1	2014	15155933.8	9.61
		伊拉克	2	2014	10896202.7	6.91
		英国	3	2014	9914028.19	6.29
		意大利	4	2014	7144642.17	4.53
		法国	5	2014	6470327.2	4.1
	亚美尼亚	俄罗斯	1	2014	304604.91	20.44
		中国	2	2014	170953.74	11.47
		德国	3	2014	158462.27	10.63
		加拿大	4	2014	93281.4	6.26
		美国	5	2014	87142.99	5.85
	阿塞拜疆	意大利	1	2014	4805617.56	22.09
		印度尼西亚	2	2014	2012316.52	9.25
		德国	3	2014	1925563.41	8.85
		以色列	4	2014	1766949.6	8.12
		法国	5	2014	1523485.67	7
	格鲁吉亚	阿塞拜疆	1	2014	544418.91	19.03
		亚美尼亚	2	2014	288244.43	10.07
		俄罗斯	3	2014	274963.59	9.61
		土耳其	4	2014	239313.27	8.36
		美国	5	2014	207583.36	7.26
	阿富汗	巴基斯坦	1	2014	188424.06	33.03

续表 8

地区名称	报告国	贸易伙伴	贸易额排名	数据年份	贸易额（千美元）	伙伴国贸易份额(%)
西亚	阿富汗	印度	2	2014	159979.72	28.04
		伊朗	3	2014	33351.52	5.85
		德国	4	2014	17045.18	2.99
		中国	5	2014	15452.72	2.71
	也门	中国	1	2013	1718840.48	24.11
		泰国	2	2013	1378981.06	19.34
		韩国	3	2013	892611.07	12.52
		印度	4	2013	543601.69	7.62
		巴林	5	2013	352922.59	4.95
北非	埃及	意大利	1	2014	2454462.5	9.15
		沙特	2	2014	1981654.6	7.39
		印度	3	2014	1923336.27	7.17
		土耳其	4	2014	1450637.53	5.41
		美国	5	2014	1129120.9	4.21

资料来源：世界银行 WITS 数据库。

附表6 "一带一路"沿线国家前五大进口来源地及份额

地区名称	报告国	贸易伙伴	贸易额排名	数据年份	贸易额（千美元）	伙伴国贸易份额(%)
中亚	哈萨克斯坦	俄罗斯	1	2014	13730335.2	33.32
		中国	2	2014	7367047.85	17.88
		德国	3	2014	2316686.6	5.62
		美国	4	2014	2003534.22	4.86
		乌克兰	5	2014	1209108.97	2.93
	吉尔吉斯斯坦	俄罗斯	1	2013	1989242.89	33.25
		中国	2	2013	1432045.82	23.94
		哈萨克斯坦	3	2013	555022.47	9.28
		日本	4	2013	257293.11	4.3
		德国	5	2013	233462.99	3.9
	土库曼斯坦	俄罗斯	1	2000	254449.22	14.25
		土耳其	2	2000	253179.38	14.18
		乌克兰	3	2000	214281.14	12
		阿联酋	4	2000	158635.02	8.88
		日本	5	2000	144344.16	8.08
中东欧	阿尔巴尼亚	意大利	1	2014	1556873.61	29.77
		希腊	2	2014	492972.14	9.43
		中国	3	2014	381930.13	7.3
		土耳其	4	2014	369441.69	7.06
		德国	5	2014	312479.45	5.97
	保加利亚	俄罗斯	1	2014	5277678.21	15.19
		德国	2	2014	4254706.61	12.25
		意大利	3	2014	2440313.59	7.02
		罗马尼亚	4	2014	2365901.05	6.81
		土耳其	5	2014	1966460.83	5.66
	波黑	德国	1	2014	1268358.86	11.54
		克罗地亚	2	2014	1256394.72	11.43
		意大利	3	2014	1121672.91	10.21
		塞尔维亚	4	2014	1104643.62	10.05
		中国	5	2014	922474.25	8.39
	捷克	德国	1	2014	39873558	26.23
		中国	2	2014	17251989.5	11.35
		波兰	3	2014	11688755.4	7.69

续表 1

地区名称	报告国	贸易伙伴	贸易额排名	数据年份	贸易额（千美元）	伙伴国贸易份额(%)
中东欧	捷克	斯洛伐克	4	2014	8060058	5.3
		意大利	5	2014	6249673.21	4.11
	爱沙尼亚	俄罗斯	1	2014	2163102.41	10.75
		芬兰	2	2014	2074231.34	10.31
		德国	3	2014	2039591.64	10.13
		中国	4	2014	1499812.13	7.45
		瑞典	5	2014	1165184.55	5.79
	克罗地亚	德国	1	2014	3463093.48	15.12
		意大利	2	2014	3262535.8	14.24
		斯洛文尼亚	3	2014	2475361.75	10.81
		奥地利	4	2014	1978681.08	8.64
		匈牙利	5	2014	1500124.93	6.55
	匈牙利	德国	1	2014	26018389.4	25.21
		奥地利	2	2014	7519368.2	7.29
		俄罗斯	3	2014	7340952.25	7.11
		斯洛伐克	4	2014	5656801.06	5.48
		波兰	5	2014	5394286.88	5.23
	立陶宛	俄罗斯	1	2014	7620568.04	21.64
		德国	2	2014	3845123.17	10.92
		波兰	3	2014	3326636.22	9.45
		拉脱维亚	4	2014	2422799.79	6.88
		意大利	5	2014	1728614.06	4.91
	拉脱维亚	立陶宛	1	2014	2953055.16	17.58
		德国	2	2014	1914156.88	11.39
		波兰	3	2014	1906000.07	11.35
		俄罗斯	4	2014	1355603.97	8.07
		爱沙尼亚	5	2014	1292380.1	7.69
	马其顿	英国	1	2014	893208.63	12.27
		德国	2	2014	806722.8	11.09
		希腊	3	2014	667292.45	9.17
		塞尔维亚	4	2014	634090.9	8.71
		意大利	5	2014	454169.63	6.24
	黑山	塞尔维亚	1	2014	637599.06	26.94
		希腊	2	2014	191621.71	8.1

续表2

地区名称	报告国	贸易伙伴	贸易额排名	数据年份	贸易额（千美元）	伙伴国贸易份额(%)
中东欧	黑山	中国	3	2014	176073.46	7.44
		波黑	4	2014	168071.03	7.1
		意大利	5	2014	153934.3	6.5
	波兰	德国	1	2014	47026898.7	21.7
		俄罗斯	2	2014	23405595.1	10.8
		中国	3	2014	22992572	10.61
		意大利	4	2014	11388322.7	5.26
		法国	5	2014	8067558.5	3.72
	塞尔维亚	德国	1	2014	2426470.1	11.77
		俄罗斯	2	2014	2340354.39	11.36
		意大利	3	2014	2308645.69	11.2
		中国	4	2014	1561097.18	7.58
		匈牙利	5	2014	1017704.3	4.94
	斯洛伐克	德国	1	2014	12253229.5	15.79
		捷克	2	2014	8578644.77	11.06
		中国	3	2014	6347701.95	8.18
		韩国	4	2014	5923751.21	7.63
		波兰	5	2014	3879493.63	5
	斯洛文尼亚	德国	1	2014	4955184.25	16.49
		意大利	2	2014	4540791.12	15.11
		奥地利	3	2014	2594867.47	8.64
		中国	4	2014	1725120.6	5.74
		克罗地亚	5	2014	1248294.6	4.15
	白俄罗斯	俄罗斯	1	2014	21868622.2	53.99
		立陶宛	2	2014	3290013.6	8.12
		波兰	3	2014	2431804.2	6
		德国	4	2014	2410804.3	5.95
		乌克兰	5	2014	1778752.7	4.39
	摩尔多瓦	罗马尼亚	1	2014	803088.11	15.1
		俄罗斯	2	2014	717220.67	13.49
		乌克兰	3	2014	546370.01	10.28
		中国	4	2014	481167.47	9.05
		德国	5	2014	426957.24	8.03
	俄罗斯	中国	1	2013	53173086.2	16.88

续表3

地区名称	报告国	贸易伙伴	贸易额排名	数据年份	贸易额（千美元）	伙伴国贸易份额(%)
中东欧	俄罗斯	德国	2	2013	37904568.5	12.04
		美国	3	2013	16717711	5.31
		乌克兰	4	2013	15790890	5.01
		意大利	5	2013	14553947.8	4.62
	乌克兰	俄罗斯	1	2014	12678683.2	23.31
		中国	2	2014	5408878.67	9.95
		德国	3	2014	5360106.26	9.86
		白俄罗斯	4	2014	3971111.35	7.3
		波兰	5	2014	3067345.11	5.64
东北亚	中国	韩国	1	2014	190105247	9.71
		日本	2	2014	162841943	8.32
		美国	3	2014	159841403	8.16
		中国	4	2014	144630327	7.39
		德国	5	2014	104991832	5.36
	蒙古	中国	1	2014	1699460.19	33.12
		俄罗斯	2	2014	1535400.54	29.92
		日本	3	2014	367459.16	7.16
		韩国	4	2014	350604.91	6.83
		美国	5	2014	217023.65	4.23
南亚	孟加拉国	泰国	1	2011	9389462.15	22.78
		印度	2	2011	4630681.62	11.23
		中国	3	2011	3610348.88	8.76
		印度尼西亚	4	2011	2461608.17	5.97
		新加坡	5	2011	2127133.97	5.16
	不丹	印度	1	2012	781471.33	78.8
		韩国	2	2012	30986.22	3.12
		中国	3	2012	24845.5	2.51
		日本	4	2012	23548.7	2.37
		奥地利	5	2012	17552.08	1.77
	印度	中国	1	2014	58230546.3	12.68
		沙特	2	2014	32703510.1	7.12
		阿联酋	3	2014	27287867.2	5.94
		瑞士	4	2014	21133061.5	4.6
		美国	5	2014	20439727.3	4.45

续表4

地区名称	报告国	贸易伙伴	贸易额排名	数据年份	贸易额（千美元）	伙伴国贸易份额(%)
南亚	斯里兰卡	印度	1	2014	3977634.84	20.67
		中国	2	2014	3414298	17.74
		阿联酋	3	2014	1755925.27	9.12
		新加坡	4	2014	1270052.32	6.6
		日本	5	2014	941085.74	4.89
	马尔代夫	阿联酋	1	2014	472837.4	23.73
		新加坡	2	2014	349512.12	17.54
		印度	3	2014	170576.89	8.56
		马来西亚	4	2014	145144.74	7.28
		斯里兰卡	5	2014	129582.89	6.5
	尼泊尔	印度	1	2013	4103805.42	63.61
		中国	2	2013	603621.1	9.36
		阿联酋	3	2013	391130.57	6.06
		印度尼西亚	4	2013	180967.28	2.81
		阿根廷	5	2013	179242.99	2.78
	巴基斯坦	中国	1	2014	9588418.04	20.17
		阿联酋	2	2014	7077179.83	14.89
		沙特	3	2014	4417353.76	9.29
		科威特	4	2014	2954979.35	6.22
		印度尼西亚	5	2014	2107232.12	4.43
东南亚	文莱	马来西亚	1	2014	741053.75	20.59
		新加坡	2	2014	735843.61	20.45
		中国	3	2014	357884.2	9.94
		美国	4	2014	324761.34	9.02
		韩国	5	2014	312886.15	8.69
	印度尼西亚	中国	1	2014	30624380.1	17.19
		新加坡	2	2014	25186115.3	14.14
		日本	3	2014	17007578.7	9.55
		韩国	4	2014	11847411.1	6.65
		马来西亚	5	2014	10855394.4	6.09
	柬埔寨	中国	1	2013	3004291.38	32.56
		美国	2	2013	1125349.26	12.2
		泰国	3	2013	1095533	11.87
		越南	4	2013	987555.14	10.7

续表 5

地区名称	报告国	贸易伙伴	贸易额排名	数据年份	贸易额（千美元）	伙伴国贸易份额(%)
东南亚	柬埔寨	中国香港	5	2013	668968.49	7.25
	缅甸	中国	1	2010	1128477.97	27.1
		新加坡	2	2010	1122549.85	26.96
		泰国	3	2010	473436.52	11.37
		韩国	4	2010	252509.82	6.06
		日本	5	2010	218809.68	5.25
	马来西亚	中国	1	2014	35322308.9	16.91
		新加坡	2	2014	26200004	12.55
		日本	3	2014	16731371.6	8.01
		美国	4	2014	16009272.5	7.67
		泰国	5	2014	12124848.8	5.81
	菲律宾	中国	1	2014	10283720.9	15.19
		美国	2	2014	5996958.75	8.86
		日本	3	2014	5538671.45	8.18
		韩国	4	2014	5234081.6	7.73
		新加坡	5	2014	4705196.2	6.95
	新加坡	中国	1	2014	44418932	12.13
		马来西亚	2	2014	39036489.4	10.66
		美国	3	2014	37902801.9	10.35
		韩国	4	2014	21600975	5.9
		日本	5	2014	20119357	5.49
	泰国	中国	1	2014	38498344.7	16.89
		日本	2	2014	35710527.1	15.67
		美国	3	2014	14675262.3	6.44
		马来西亚	4	2014	12745922.6	5.59
		阿联酋	5	2014	12718491.4	5.58
	东帝汶	印度尼西亚	1	2013	176086.04	34.28
		马来西亚	2	2013	79252.9	15.43
		新加坡	3	2013	65839.79	12.82
		越南	4	2013	39810.88	7.75
		中国	5	2013	33546.36	6.53
	越南	中国	1	2013	36886477.9	27.94
		韩国	2	2013	20677896.3	15.66
		日本	3	2013	11558299.8	8.75

续表6

地区名称	报告国	贸易伙伴	贸易额排名	数据年份	贸易额（千美元）	伙伴国贸易份额(%)
东南亚	越南	泰国	4	2013	6283429.28	4.76
		新加坡	5	2013	5685156.46	4.31
西亚	巴林	沙特	1	2014	8367389.1	41.68
		中国	2	2014	1615882.4	8.05
		阿联酋	3	2014	1071890.85	5.34
		日本	4	2014	1035052.54	5.16
		美国	5	2014	950579.03	4.74
	伊朗	阿联酋	1	2011	18188178	26.62
		中国	2	2011	7044677.98	10.31
		韩国	3	2011	4494054.67	6.58
		德国	4	2011	3927406.07	5.75
		土耳其	5	2011	3078508.15	4.51
	以色列	美国	1	2014	8564065	11.84
		中国	2	2014	5994138	8.29
		瑞士	3	2014	5189867	7.18
		德国	4	2014	4651256	6.43
		比利时	5	2014	3818141	5.28
	约旦	沙特	1	2014	4453730.9	19.59
		中国	2	2014	2392062.21	10.52
		美国	3	2014	1319844.38	5.8
		印度	4	2014	1243761.03	5.47
		阿联酋	5	2014	1092608.95	4.8
	科威特	中国	1	2014	4452185.93	14.14
		美国	2	2014	3076841.07	9.77
		阿联酋	3	2014	2952588.53	9.38
		日本	4	2014	2235582.87	7.1
		德国	5	2014	2099379.91	6.67
	黎巴嫩	中国	1	2013	2283354.62	10.75
		意大利	2	2013	1789952.81	8.43
		法国	3	2013	1535484.68	7.23
		美国	4	2013	1500927.86	7.07
		德国	5	2013	1242320.78	5.85
	阿曼	阿联酋	1	2014	9513476.64	32.47
		日本	2	2014	3579155.26	12.21

续表 7

地区名称	报告国	贸易伙伴	贸易额排名	数据年份	贸易额（千美元）	伙伴国贸易份额(%)
西亚	阿曼	中国	3	2014	1405898.04	4.8
		印度	4	2014	1265663.25	4.32
		美国	5	2014	1264733.25	4.32
	卡塔尔	美国	1	2014	3485335.42	11.45
		中国	2	2014	3212337.02	10.55
		阿联酋	3	2014	2492670.79	8.19
		德国	4	2014	2171136.05	7.13
		日本	5	2014	1954231.66	6.42
	沙特	美国	1	2013	21565979.2	13.17
		中国	2	2013	20890184.2	12.76
		德国	3	2013	11854666.2	7.24
		韩国	4	2013	9536813.92	5.83
		日本	5	2013	9345580.4	5.71
	叙利亚	土耳其	1	2010	1672062.12	9.52
		中国	2	2010	1545913.84	8.8
		意大利	3	2010	1292606.88	7.36
		乌克兰	4	2010	1133850.3	6.46
		俄罗斯	5	2010	1108850.64	6.31
	土耳其	俄罗斯	1	2014	25293392	10.44
		中国	2	2014	24918237.8	10.29
		德国	3	2014	22369253.3	9.23
		美国	4	2014	12727879.2	5.25
		意大利	5	2014	12055915.7	4.98
	亚美尼亚	俄罗斯	1	2014	1069288.41	25.71
		中国	2	2014	414419.13	9.96
		土耳其	3	2014	230941.88	5.55
		伊朗	4	2014	206373.2	4.96
		乌克兰	5	2014	201773.21	4.85
	阿塞拜疆	俄罗斯	1	2014	1314480.42	14.32
		土耳其	2	2014	1286641.36	14.02
		英国	3	2014	978337.61	10.66
		德国	4	2014	702780.55	7.66
		中国	5	2014	697079.6	7.59
	格鲁吉亚	土耳其	1	2014	1727420.44	20.09

续表 8

地区名称	报告国	贸易伙伴	贸易额排名	数据年份	贸易额（千美元）	伙伴国贸易份额(%)
西亚	格鲁吉亚	中国	2	2014	732975.31	8.53
		阿塞拜疆	3	2014	637590.75	7.42
		俄罗斯	4	2014	577713.43	6.72
		乌克兰	5	2014	546136.89	6.35
	阿富汗	伊朗	1	2014	1497079.74	19.45
		巴基斯坦	2	2014	1327930.94	17.25
		中国	3	2014	1038198.47	13.49
		日本	4	2014	258847.98	3.36
		印度	5	2014	107664.18	1.4
	也门	阿联酋	1	2013	2216648.83	16.7
		中国	2	2013	1029614.53	7.76
		荷兰	3	2013	1022791.14	7.71
		沙特	4	2013	843613.06	6.36
		瑞士	5	2013	680465.3	5.13
北非	埃及	中国	1	2014	8057648.56	11.3
		德国	2	2014	5540055.51	7.77
		美国	3	2014	5198837.54	7.29
		科威特	4	2014	3515904.11	4.93
		意大利	5	2014	3265393.24	4.58

资料来源：世界银行WITS数据库。

附表7 "一带一路"沿线国家前五大出口产品和显示性比较优势指数

地区名称	报告国	数据年份	产品类别名称	贸易额（千美元）	贸易份额（%）	显示性比较优势（RCA）
西亚	阿富汗	2014	植物和蔬菜产品	82702.4609	14.5	14.91
		2014	纺织服装	83993.6484	14.72	2.9
		2014	其他产品	403566.75	70.73	1.24
		2014	动物产品	271.130005	0.05	0.23
中东欧	阿尔巴尼亚	2014	木材	63945.5313	2.63	1.48
		2014	鞋类产品	324716.281	13.36	23.52
		2014	纺织服装	309215.25	12.72	4.45
		2014	矿产	94097.0469	3.87	5.8
		2014	其他产品	1423797.25	58.58	0.19
西亚	亚美尼亚	2014	石油	90339.3281	6.06	0.04
		2014	食品	337077.875	22.62	1.75
		2014	矿产	299043.813	20.07	21.24
		2014	石料陶瓷和玻璃	249029.75	16.71	4.08
		2014	金属制品	302300	20.29	3.89
	阿塞拜疆	2014	食品	316050.906	1.45	0.06
		2014	石油	20177194	92.76	5.92
		2014	植物和蔬菜产品	521453.375	2.4	0.1
		2014	塑料和橡胶	157286.625	0.72	0.13
		2014	其他产品	184948.797	0.85	0.01
南亚	孟加拉国	2011	动物产品	643054.25	2.64	1.43
		2011	鞋类产品	397123.031	1.63	2.94
		2011	纺织服装	21420368	88.1	23.42
		2011	皮革产品	389577.156	1.6	2.3
		2011	石油	280088.406	1.15	0.02
中东欧	保加利亚	2014	纺织服装	2403210	8.18	2.75
		2014	植物和蔬菜产品	2712376	9.23	2.9
		2014	机电产品	4706908	16.02	0.62
		2014	金属制品	4858915.5	16.53	3.03
		2014	石油	3703942.5	12.6	0.64
西亚	巴林	2014	金属制品	3482832	19.32	3.68
		2014	机电产品	953715.813	5.29	0.08
		2014	化工产品	797327.875	4.42	0.67
		2014	运输车辆	826897.938	4.59	0.15

续表 1

地区名称	报告国	数据年份	产品类别名称	贸易额（千美元）	贸易份额(%)	显示性比较优势（RCA）
西亚	巴林	2014	石油	9283809	51.49	3.29
中东欧	波黑	2014	其他产品	790628	13.42	1.05
		2014	机电产品	630792.313	10.71	0.49
		2014	金属制品	1149133.75	19.5	2.76
		2014	木材	593777.875	10.08	4.46
		2014	石油	565999.75	9.61	0.52
	白俄罗斯	2014	石油	12084114	33.49	2.52
		2014	化工产品	4263722	11.82	2.53
		2014	动物产品	3373401	9.35	0.44
		2014	机电产品	2467883.75	6.84	0.11
		2014	运输车辆	2487224.5	6.89	0.46
东南亚	文莱	2014	其他产品	50558.1094	0.48	0.07
		2014	石油	9724861	92.54	5.8
		2014	金属制品	51116.8594	0.49	0.06
		2014	机电产品	114810.148	1.09	0.02
		2014	化工产品	471208.75	4.48	0.22
南亚	不丹	2012	植物和蔬菜产品	30066.4297	5.66	0.85
		2012	石油	174862.125	32.92	0.04
		2012	金属制品	209741.688	39.48	10.74
		2012	化工产品	30690.6797	5.78	1.52
		2012	矿产	59989.4609	11.29	0.52
东北亚	中国	2014	其他产品	229569872	9.8	1.33
		2014	纺织服装	287650400	12.28	2.46
		2014	石料陶瓷和玻璃	112314376	4.79	0.66
		2014	机电产品	970603136	41.44	2.07
		2014	金属制品	184263696	7.87	0.95
中东欧	捷克	2014	其他产品	11496901	6.62	1.14
		2014	塑料和橡胶	10489912	6.04	1.32
		2014	机电产品	62609916	36.04	1.36
		2014	运输车辆	34545484	19.89	2.33
		2014	金属制品	16899194	9.73	1.39
北非	埃及	2014	石油	6270329	23.39	2.36
		2014	纺织服装	3016279	11.25	3.78

续表2

地区名称	报告国	数据年份	产品类别名称	贸易额（千美元）	贸易份额(%)	显示性比较优势（RCA）
北非	埃及	2014	植物和蔬菜产品	3016148.25	11.25	2.4
		2014	化工产品	3103486	11.57	1.03
		2014	机电产品	2202327.75	8.21	0.19
中东欧	爱沙尼亚	2014	石油	2006951.75	11.41	0.8
		2014	金属制品	1082023.13	6.15	1
		2014	其他产品	2580050.75	14.67	1.67
		2014	机电产品	4794342	27.27	1.16
		2014	木材	1799481.63	10.23	5
西亚	格鲁吉亚	2014	金属制品	482094.813	16.85	3.22
		2014	化工产品	290842.375	10.17	0.99
		2014	食品	501145.906	17.52	3.69
		2014	矿产	267730.781	9.36	4.9
		2014	运输车辆	588358.188	20.56	0.2
中东欧	克罗地亚	2014	金属制品	1162833.5	8.4	1.33
		2014	化工产品	1270797	9.18	1.03
		2014	木材	1172608.88	8.47	3.57
		2014	机电产品	2467612.25	17.82	0.63
		2014	石油	1873692	13.53	0.83
	匈牙利	2014	塑料和橡胶	7090955.5	6.31	1.35
		2014	化工产品	8899604	7.92	0.8
		2014	机电产品	42446936	37.75	1.57
		2014	其他产品	9831093	8.74	1.05
		2014	运输车辆	18099868	16.1	1.74
东南亚	印度尼西亚	2014	石油	51133124	29.05	1.66
		2014	机电产品	15709164	8.92	0.45
		2014	塑料和橡胶	9778723	5.55	1.3
		2014	植物和蔬菜产品	26820674	15.24	4.34
		2014	纺织服装	12740816	7.24	2.09
南亚	印度	2014	石料陶瓷和玻璃	43580728	13.72	3.67
		2014	纺织服装	38597664	12.15	3.71
		2014	石油	62348540	19.63	0.84
		2014	运输车辆	25899946	8.16	0.55
		2014	化工产品	33389324	10.51	1.55

续表 3

地区名称	报告国	数据年份	产品类别名称	贸易额（千美元）	贸易份额(%)	显示性比较优势（RCA）
西亚	伊朗	2011	植物和蔬菜产品	3195506.5	2.45	0.41
		2011	其他产品	14843852	11.37	1.21
		2011	化工产品	6259582	4.79	0.6
		2011	塑料和橡胶	3248738	2.49	0.49
		2011	石油	92046184	70.51	4.26
	以色列	2014	机电产品	13502821	19.58	0.74
		2014	塑料和橡胶	2714672	3.94	1.01
		2014	化工产品	16515634	23.95	2.23
		2014	石料陶瓷和玻璃	21516864	31.2	7.09
		2014	其他产品	5538011	8.03	1.12
	约旦	2014	机电产品	650949.25	7.76	0.16
		2014	纺织服装	1381749	16.48	7.34
		2014	矿产	514486.656	6.14	6.69
		2014	化工产品	2474231.25	29.51	3.86
		2014	植物和蔬菜产品	820036	9.78	1.14
中亚	哈萨克斯坦	2014	石油	60696052	77.58	4.77
		2014	植物和蔬菜产品	2085088.38	2.67	0.46
		2014	矿产	3137341	4.01	2.03
		2014	化工产品	2874560.25	3.67	0.59
		2014	金属制品	6468163.5	8.27	1.41
	吉尔吉斯斯坦	2013	运输车辆	99603.7734	5.62	0.5
		2013	石料陶瓷和玻璃	788957.875	44.49	2.33
		2013	纺织服装	136157.297	7.68	4.58
		2013	石油	166668.063	9.4	0.19
		2013	植物和蔬菜产品	166763.188	9.4	6
西亚	科威特	2014	机电产品	465856.469	0.46	0.01
		2014	化工产品	2244685.25	2.22	0.51
		2014	塑料和橡胶	1102245.25	1.09	0.33
		2014	石油	94526600	93.47	5.67
		2014	运输车辆	1039889.63	1.03	0.01
	黎巴嫩	2013	石油	336909.594	8.56	0
		2013	机电产品	506704.344	12.87	0.6
		2013	食品	452782.906	11.5	3.55

续表 4

地区名称	报告国	数据年份	产品类别名称	贸易额（千美元）	贸易份额（%）	显示性比较优势（RCA）
西亚	黎巴嫩	2013	金属制品	527370.875	13.4	2.74
		2013	石料陶瓷和玻璃	812450.563	20.64	4.89
南亚	斯里兰卡	2014	塑料和橡胶	1012264.63	8.96	2.34
		2014	植物和蔬菜产品	2332873	20.65	3.89
		2014	石料陶瓷和玻璃	485545.531	4.3	1.59
		2014	机电产品	423815.625	3.75	0.17
		2014	纺织服装	5108363	45.22	13.95
中东欧	立陶宛	2014	植物和蔬菜产品	2330273	7.19	1.72
		2014	化工产品	2914089.25	9	1.16
		2014	其他产品	3780676.5	11.67	1.62
		2014	机电产品	4767475	14.72	0.41
		2014	石油	5684974	17.55	1.28
	拉脱维亚	2014	其他产品	1381419.88	10.16	1.07
		2014	机电产品	2169970.25	15.95	0.5
		2014	木材	2390705.25	17.58	7.99
		2014	金属制品	1151087	8.46	1.12
		2014	食品	1213883.38	8.92	2.33
	摩尔多瓦	2014	化工产品	168077.797	7.18	0.1
		2014	食品	378428.688	16.18	3.95
		2014	纺织服装	330135.125	14.11	4.22
		2014	机电产品	309407.031	13.23	0.54
		2014	植物和蔬菜产品	627382.375	26.82	9.55
南亚	马尔代夫	2014	动物产品	125257.031	86.48	44.62
		2014	食品	16294.4404	11.25	2.38
		2014	机电产品	144.869995	0.1	0.07
		2014	塑料和橡胶	123.220001	0.09	0.03
		2014	金属制品	2938.47998	2.03	0.35
中东欧	马其顿	2014	金属制品	842370.813	17.07	2.19
		2014	食品	417133.875	8.45	2.77
		2014	机电产品	904657.813	18.34	0.61
		2014	纺织服装	742267.75	15.04	4.53
		2014	化工产品	989408.375	20.05	2.49
东南亚	缅甸	2010	石料陶瓷和玻璃	1871261	24.54	0.72

续表 5

地区名称	报告国	数据年份	产品类别名称	贸易额（千美元）	贸易份额(%)	显示性比较优势（RCA）
东南亚	缅甸	2010	植物和蔬菜产品	1146638.75	15.04	6.58
		2010	石油	2936005.75	38.5	2.58
		2010	纺织服装	349275.031	4.58	2.2
		2010	木材	592423.188	7.77	5.52
中东欧	黑山	2014	木材	38359.9805	8.71	2.01
		2014	石油	64072.6094	14.54	0.52
		2014	金属制品	132738.625	30.12	3.69
		2014	动物产品	55553.4297	12.61	1.59
		2014	食品	46168.5	10.48	1.3
东北亚	蒙古	2014	石料陶瓷和玻璃	405671.625	7.03	1.73
		2014	矿产	3295381	57.07	33.94
		2014	纺织服装	338751.375	5.87	0.91
		2014	石油	1496100.75	25.91	1.78
		2014	机电产品	58296.7813	1.01	0.01
东南亚	马来西亚	2014	机电产品	88678776	37.88	1.98
		2014	其他产品	12409900	5.3	0.64
		2014	石油	51731060	22.09	1.22
		2014	塑料和橡胶	14504639	6.2	1.17
		2014	植物和蔬菜产品	18890482	8.07	1.79
南亚	尼泊尔	2013	食品	81978.7813	9.5	3.84
		2013	纺织服装	332160.031	38.48	9.4
		2013	金属制品	147411.016	17.08	1.96
		2013	其他产品	50747.2109	5.88	0.48
		2013	植物和蔬菜产品	101614.68	11.77	3.44
	阿曼	2014	化工产品	2459961.5	4.85	0.74
		2014	塑料和橡胶	926681.063	1.83	0.58
		2014	矿产	888835.813	1.75	1.18
		2014	金属制品	1991694.75	3.93	0.43
		2014	石油	42367788	83.54	5.1
	巴基斯坦	2014	纺织服装	13772522	55.71	16.06
		2014	植物和蔬菜产品	3437935.25	13.91	2.91
		2014	皮革产品	1290345.75	5.22	9.16
		2014	矿产	796626.813	3.22	1.56

续表 6

地区名称	报告国	数据年份	产品类别名称	贸易额（千美元）	贸易份额(%)	显示性比较优势（RCA）
南亚	巴基斯坦	2014	食品	1053835.25	4.26	0.96
东南亚	菲律宾	2014	其他产品	3280525.75	5.31	0.74
		2014	植物和蔬菜产品	3983054.5	6.44	1.66
		2014	木材	3545111.75	5.74	0.69
		2014	运输车辆	3466591.5	5.61	0.24
		2014	机电产品	32043198	51.84	2.53
中东欧	波兰	2014	其他产品	15734448	7.34	1.4
		2014	金属制品	22694022	10.58	1.56
		2014	化工产品	15034599	7.01	0.73
		2014	运输车辆	30181214	14.07	1.29
		2014	机电产品	52877292	24.65	1.01
西亚	卡塔尔	2014	化工产品	68442.6406	0.05	0.42
		2014	金属制品	50208.8398	0.04	0.22
		2014	矿产	324333	0.25	0.18
		2014	其他产品	17217004	13.08	0.1
		2014	石油	113899384	86.56	5.43
中东欧	俄罗斯	2013	其他产品	15605121	2.96	0.53
		2013	石料陶瓷和玻璃	15654058	2.97	0.68
		2013	化工产品	21387602	4.06	0.55
		2013	金属制品	40846292	7.75	1.2
		2013	石油	372036096	70.56	3.86
西亚	沙特	2013	运输车辆	4095235.75	1.09	0.01
		2013	石油	321929824	85.65	4.84
		2013	塑料和橡胶	17136894	4.56	1.22
		2013	金属制品	3426558.5	0.91	0.12
		2013	化工产品	18574804	4.94	0.62
东南亚	新加坡	2014	其他产品	54386052	13.27	0.91
		2014	机电产品	175921024	42.93	1.42
		2014	塑料和橡胶	17856806	4.36	1.2
		2014	化工产品	37950948	9.26	1.66
		2014	石油	68688160	16.76	1.54
中东欧	塞尔维亚	2014	运输车辆	2132785.75	14.37	1.58
		2014	机电产品	2361161	15.91	0.56

续表 7

地区名称	报告国	数据年份	产品类别名称	贸易额（千美元）	贸易份额(%)	显示性比较优势（RCA）
中东欧	塞尔维亚	2014	金属制品	1867785.63	12.58	1.82
		2014	塑料和橡胶	1233703.13	8.31	1.78
		2014	植物和蔬菜产品	1602760.63	10.8	3.07
	斯洛伐克	2014	塑料和橡胶	4764999.5	5.55	1.25
		2014	机电产品	28568000	33.27	1.16
		2014	金属制品	8972310	10.45	1.63
		2014	石油	4083148.75	4.75	0.31
		2014	运输车辆	21991282	25.61	3
	斯洛文尼亚	2014	机电产品	7001545	22.94	0.89
		2014	化工产品	4819439.5	15.79	1.4
		2014	塑料和橡胶	2013284.38	6.6	1.47
		2014	运输车辆	4064537.5	13.32	1.63
		2014	金属制品	3699553	12.12	1.84
西亚	叙利亚	2010	石油	5663506	49.89	3.97
		2010	化工产品	552565.438	4.87	0.19
		2010	植物和蔬菜产品	1127158	9.93	2.31
		2010	食品	793901.25	6.99	0.89
		2010	纺织服装	1198888.63	10.56	2.94
东南亚	泰国	2014	化工产品	12186362	5.35	0.51
		2014	食品	17908460	7.87	2.17
		2014	运输车辆	28618630	12.58	1.08
		2014	塑料和橡胶	27942876	12.28	2.74
		2014	机电产品	69274264	30.44	1.5
中亚	土库曼斯坦	2000	纺织服装	375653.656	14.99	2.5
		2000	植物和蔬菜产品	14600.0195	0.58	0.27
		2000	石油	2029733.25	81.01	6.02
		2000	其他产品	38529.5195	1.54	0.01
		2000	运输车辆	14221.2002	0.57	0.06
东南亚	东帝汶	2013	植物和蔬菜产品	16150.8496	30.4	0.63
		2013	机电产品	10073.46	18.96	0.02
		2013	纺织服装	17264.4199	32.49	0.01
		2013	运输车辆	6091.37012	11.46	0.01
		2013	木材	1380.89001	2.6	0.01

续表8

地区名称	报告国	数据年份	产品类别名称	贸易额（千美元）	贸易份额(%)	显示性比较优势（RCA）
西亚	土耳其	2014	机电产品	23295962	14.77	0.66
		2014	石料陶瓷和玻璃	11232856	7.12	1.2
		2014	金属制品	20832834	13.21	1.77
		2014	运输车辆	19839202	12.58	1.67
		2014	纺织服装	29058122	18.42	5.8
中东欧	乌克兰	2014	植物和蔬菜产品	12586812	23.35	8.2
		2014	矿产	4091500	7.59	6.6
		2014	食品	3096692.5	5.74	1.84
		2014	金属制品	15235506	28.26	4.12
		2014	机电产品	5658965.5	10.5	0.27
东南亚	越南	2013	石油	9685333	7.34	0.34
		2013	机电产品	40517160	30.69	1.53
		2013	鞋类产品	8985557	6.81	11.45
		2013	植物和蔬菜产品	10454703	7.92	2
		2013	纺织服装	21535484	16.31	4.3
西亚	也门	2013	食品	65535.9609	0.92	0.14
		2013	植物和蔬菜产品	139329.406	1.95	0.5
		2013	石油	5965396.5	83.67	5.25
		2013	动物产品	240757.25	3.38	1.2
		2013	其他产品	490984.719	6.89	0.01

资料来源：世界银行WITS数据库。

附表 8 "一带一路"沿线国家前五大进口产品概况

地区名称	报告国	数据年份	产品类别名称	贸易额（千美元）	贸易份额(%)
西亚	阿富汗	2014	石料陶瓷和玻璃	160347.516	2.08
		2014	其他产品	4829129	62.74
		2014	植物和蔬菜产品	610643.875	7.93
		2014	石油	1488624.25	19.34
		2014	纺织服装	319414.625	4.15
中东欧	阿尔巴尼亚	2014	石油	425860.406	8.14
		2014	机电产品	296620.719	5.67
		2014	纺织服装	328145.938	6.27
		2014	其他产品	2326190.25	44.48
		2014	运输车辆	247807.219	4.74
西亚	亚美尼亚	2014	石油	814033.5	19.57
		2014	食品	369799.406	8.89
		2014	机电产品	577385.125	13.88
		2014	化工产品	351970.719	8.46
		2014	石料陶瓷和玻璃	395314.313	9.5
	阿塞拜疆	2014	化工产品	711321.875	7.75
		2014	机电产品	2583313.25	28.15
		2014	运输车辆	841898.125	9.17
		2014	食品	888995.563	9.69
		2014	金属制品	1245249.25	13.57
南亚	孟加拉国	2011	植物和蔬菜产品	6300569.5	15.28
		2011	机电产品	6667469	16.17
		2011	纺织服装	9970566	24.19
		2011	石油	3126390	7.58
		2011	化工产品	3816760.25	9.26
中东欧	保加利亚	2014	金属制品	3599153.25	10.36
		2014	其他产品	2353157.75	6.77
		2014	石油	6941606.5	19.98
		2014	机电产品	5902231	16.99
		2014	化工产品	3189310	9.18
西亚	巴林	2014	矿产	1233566.88	6.15
		2014	石油	8045026.5	40.08
		2014	机电产品	2060577.13	10.27

续表 1

地区名称	报告国	数据年份	产品类别名称	贸易额（千美元）	贸易份额(%)
西亚	巴林	2014	化工产品	1114723.63	5.55
		2014	运输车辆	2227195.5	11.1
中东欧	波黑	2014	金属制品	1016389.25	9.25
		2014	化工产品	1060809.75	9.65
		2014	食品	971729.5	8.84
		2014	石油	1835457.25	16.7
		2014	机电产品	1586011.75	14.43
	白俄罗斯	2014	机电产品	6674881.5	16.48
		2014	石油	11848921	29.25
		2014	化工产品	3161942.25	7.81
		2014	金属制品	3698654	9.13
		2014	其他产品	3109974.25	7.68
东南亚	文莱	2014	化工产品	283038.031	7.86
		2014	运输车辆	680190.438	18.9
		2014	石油	371212.656	10.32
		2014	机电产品	705623.125	19.61
		2014	金属制品	324229.75	9.01
南亚	不丹	2012	运输车辆	46682.6797	4.71
		2012	石油	182633.516	18.42
		2012	金属制品	219854.594	22.17
		2012	植物和蔬菜产品	70669.4063	7.13
		2012	机电产品	178409.125	17.99
东北亚	中国	2014	机电产品	597319808	30.51
		2014	化工产品	124124408	6.34
		2014	石油	316836736	16.18
		2014	矿产	141103808	7.21
		2014	其他产品	205557760	10.5
中东欧	捷克	2014	石油	12335292	8.12
		2014	运输车辆	14918949	9.81
		2014	机电产品	51814396	34.09
		2014	金属制品	17255862	11.35
		2014	化工产品	12145040	7.99
北非	埃及	2014	化工产品	6230747	8.73
		2014	金属制品	8576929	12.02

续表2

地区名称	报告国	数据年份	产品类别名称	贸易额（千美元）	贸易份额(%)
北非	埃及	2014	植物和蔬菜产品	9180776	12.87
		2014	机电产品	10451411	14.65
		2014	石油	9898882	13.88
中东欧	爱沙尼亚	2014	其他产品	2376955.25	11.81
		2014	运输车辆	1477266	7.34
		2014	机电产品	4940839.5	24.55
		2014	化工产品	1406108	6.99
		2014	石油	3141295.25	15.61
西亚	格鲁吉亚	2014	化工产品	740215.625	8.61
		2014	石油	1432645.38	16.67
		2014	机电产品	1503267.63	17.49
		2014	运输车辆	934651.75	10.87
		2014	食品	634531.5	7.38
中东欧	克罗地亚	2014	化工产品	2348507.25	10.25
		2014	纺织服装	1601674.38	6.99
		2014	金属制品	1907618	8.33
		2014	石油	4267897	18.63
		2014	机电产品	3728592.75	16.28
	匈牙利	2014	运输车辆	9790871	9.49
		2014	石油	12495091	12.11
		2014	其他产品	8713654	8.44
		2014	机电产品	36207936	35.08
		2014	化工产品	8601096	8.33
东南亚	印度尼西亚	2014	石油	43947416	24.66
		2014	塑料和橡胶	9837145	5.52
		2014	金属制品	17487122	9.81
		2014	化工产品	17046098	9.57
		2014	机电产品	43006464	24.14
南亚	印度	2014	石料陶瓷和玻璃	61898516	13.47
		2014	化工产品	37937428	8.26
		2014	石油	176948976	38.52
		2014	机电产品	63083516	13.73
		2014	金属制品	26675234	5.81
西亚	伊朗	2011	化工产品	5035164	7.37

续表 3

地区名称	报告国	数据年份	产品类别名称	贸易额（千美元）	贸易份额(%)
西亚	伊朗	2011	金属制品	10512142	15.39
		2011	其他产品	14751028	21.59
		2011	植物和蔬菜产品	6047053	8.85
		2011	机电产品	15462972	22.63
	以色列	2014	化工产品	6290697	8.7
		2014	机电产品	14251549	19.7
		2014	石油	12758144	17.64
		2014	石料陶瓷和玻璃	10565345	14.61
		2014	运输车辆	6657808	9.2
	约旦	2014	化工产品	1561634.75	6.87
		2014	石油	6196168.5	27.25
		2014	运输车辆	1724989.38	7.59
		2014	机电产品	2435447	10.71
		2014	植物和蔬菜产品	1790214.63	7.87
中亚	哈萨克斯坦	2014	金属制品	4249673.5	10.31
		2014	运输车辆	6072481.5	14.73
		2014	化工产品	3676425.25	8.92
		2014	石油	2302449	5.59
		2014	机电产品	10775228	26.15
	吉尔吉斯斯坦	2013	运输车辆	799491.5	13.36
		2013	金属制品	551159.063	9.21
		2013	机电产品	696583.563	11.64
		2013	化工产品	497786.313	8.32
		2013	石油	1282018.5	21.43
东南亚	柬埔寨	2013	机电产品	1022763.88	11.08
		2013	石油	1016277.5	11.01
		2013	运输车辆	821965.563	8.91
		2013	纺织服装	2977157	32.26
		2013	木材	1156330.38	12.53
西亚	科威特	2014	石料陶瓷和玻璃	2018652.88	6.41
		2014	金属制品	2988546.5	9.49
		2014	化工产品	2782127.5	8.84
		2014	运输车辆	5221229.5	16.58
		2014	机电产品	7149545.5	22.71

续表 4

地区名称	报告国	数据年份	产品类别名称	贸易额（千美元）	贸易份额(%)
西亚	黎巴嫩	2013	石油	5001209.5	23.55
		2013	化工产品	1935410.5	9.11
		2013	运输车辆	1746694.5	8.23
		2013	机电产品	2590598.5	12.2
		2013	石料陶瓷和玻璃	1582029	7.45
南亚	斯里兰卡	2014	石油	4397261.5	22.85
		2014	化工产品	1435323.75	7.46
		2014	机电产品	2314100	12.02
		2014	纺织服装	2499606.25	12.99
		2014	运输车辆	1731812.38	9
中东欧	立陶宛	2014	机电产品	5642923.5	16.02
		2014	石油	8579267	24.36
		2014	其他产品	2432683.75	6.91
		2014	运输车辆	2625826.75	7.46
		2014	化工产品	3568816.25	10.13
	拉脱维亚	2014	金属制品	1249644.38	7.44
		2014	化工产品	1463328.13	8.71
		2014	机电产品	3078431.25	18.33
		2014	石油	2336013.25	13.91
		2014	其他产品	1985789.38	11.82
	摩尔多瓦	2014	化工产品	624164.5	11.74
		2014	其他产品	665966.063	12.53
		2014	机电产品	800887.5	15.06
		2014	纺织服装	356990.625	6.71
		2014	石油	689105.563	12.96
南亚	马尔代夫	2014	石油	571537.188	28.68
		2014	食品	158737.969	7.97
		2014	机电产品	313378.594	15.73
		2014	动物产品	124387.438	6.24
		2014	植物和蔬菜产品	139643.141	7.01
中东欧	马其顿	2014	金属制品	646285.438	8.88
		2014	石料陶瓷和玻璃	1068379	14.68
		2014	石油	1050344.75	14.43
		2014	化工产品	626133.75	8.6

续表 5

地区名称	报告国	数据年份	产品类别名称	贸易额（千美元）	贸易份额(%)
中东欧	马其顿	2014	机电产品	1049395	14.42
东南亚	缅甸	2010	纺织服装	313014.844	7.52
		2010	机电产品	773347.188	18.57
		2010	金属制品	562405.25	13.51
		2010	石油	947748.438	22.76
		2010	运输车辆	362404.688	8.7
中东欧	黑山	2014	食品	284114	12
		2014	化工产品	234807.031	9.92
		2014	石油	314219.688	13.28
		2014	动物产品	232444.828	9.82
		2014	机电产品	308589.031	13.04
东北亚	蒙古	2014	运输车辆	615826.563	12
		2014	石油	1360531.13	26.51
		2014	食品	382556.563	7.46
		2014	机电产品	984535.875	19.19
		2014	金属制品	538837.5	10.5
东南亚	马来西亚	2014	石油	35141920	16.83
		2014	运输车辆	11684177	5.6
		2014	金属制品	20316836	9.73
		2014	机电产品	75479144	36.15
		2014	化工产品	13973693	6.69
南亚	尼泊尔	2013	金属制品	903099.125	14
		2013	化工产品	523328.656	8.11
		2013	机电产品	678330.875	10.51
		2013	植物和蔬菜产品	926475.125	14.36
		2013	石油	1212294.13	18.79
西亚	阿曼	2014	运输车辆	6679866	22.8
		2014	机电产品	5049356	17.23
		2014	化工产品	2580564	8.81
		2014	石油	1904250.25	6.5
		2014	金属制品	3434789.5	11.72
南亚	巴基斯坦	2014	金属制品	3597528.5	7.57
		2014	机电产品	7271844	15.29
		2014	石油	14821807	31.17

续表 6

地区名称	报告国	数据年份	产品类别名称	贸易额（千美元）	贸易份额(%)
南亚	巴基斯坦	2014	植物和蔬菜产品	4624475	9.73
		2014	化工产品	5480574	11.53
东南亚	菲律宾	2014	石油	13646218	20.15
		2014	食品	3606152.5	5.33
		2014	机电产品	21025750	31.05
		2014	运输车辆	6533738.5	9.65
		2014	化工产品	4994992	7.38
中东欧	波兰	2014	运输车辆	22947310	10.59
		2014	化工产品	21505316	9.92
		2014	机电产品	51607332	23.82
		2014	石油	23411138	10.8
		2014	金属制品	22645268	10.45
西亚	卡塔尔	2014	金属制品	3035590.75	9.97
		2014	其他产品	1980970.5	6.51
		2014	机电产品	7942268.5	26.09
		2014	化工产品	2341304	7.69
		2014	运输车辆	6353565	20.87
中东欧	俄罗斯	2013	机电产品	92367672	29.33
		2013	金属制品	21679684	6.88
		2013	运输车辆	49762552	15.8
		2013	其他产品	19163830	6.08
		2013	化工产品	33484958	10.63
西亚	沙特	2013	机电产品	43796876	26.75
		2013	运输车辆	27315876	16.69
		2013	金属制品	20679172	12.63
		2013	化工产品	13291108	8.12
		2013	植物和蔬菜产品	10482044	6.4
东南亚	新加坡	2014	石油	113493696	30.99
		2014	其他产品	21399352	5.84
		2014	金属制品	15921253	4.35
		2014	化工产品	19716810	5.38
		2014	机电产品	138453664	37.8
中东欧	塞尔维亚	2014	机电产品	2892792.5	14.04
		2014	石油	2893786	14.04

续表7

地区名称	报告国	数据年份	产品类别名称	贸易额（千美元）	贸易份额(%)
中东欧	塞尔维亚	2014	运输车辆	2280145.5	11.06
		2014	化工产品	2124875	10.31
		2014	其他产品	2837211	13.77
	斯洛伐克	2014	其他产品	5657922.5	7.29
		2014	金属制品	7895873.5	10.18
		2014	运输车辆	11112539	14.32
		2014	化工产品	5252050	6.77
		2014	机电产品	25084590	32.33
	斯洛文尼亚	2014	金属制品	3769634.5	12.54
		2014	机电产品	5496424	18.29
		2014	石油	3888077.75	12.94
		2014	运输车辆	3617397.75	12.04
		2014	化工产品	3343440.5	11.13
西亚	叙利亚	2010	金属制品	2282512.75	13
		2010	机电产品	2321944.25	13.22
		2010	植物和蔬菜产品	1921630.38	10.94
		2010	石油	3451101.5	19.65
		2010	食品	1574768.25	8.97
东南亚	泰国	2014	化工产品	17716350	7.77
		2014	金属制品	28012474	12.29
		2014	机电产品	67635040	29.67
		2014	运输车辆	13635795	5.98
		2014	石油	48084088	21.1
中亚	土库曼斯坦	2000	其他产品	176192.344	9.87
		2000	金属制品	219859.391	12.31
		2000	机电产品	619784.438	34.71
		2000	化工产品	145708.672	8.16
		2000	运输车辆	162795.188	9.12
东南亚	东帝汶	2013	食品	44025.3711	8.57
		2013	运输车辆	62501.4492	12.17
		2013	纺织服装	35739.9688	6.96
		2013	机电产品	80341.3516	15.64
		2013	石油	145123.234	28.25
西亚	土耳其	2014	其他产品	43767824	18.07

续表 8

地区名称	报告国	数据年份	产品类别名称	贸易额（千美元）	贸易份额(%)
西亚	土耳其	2014	化工产品	20036444	8.27
		2014	金属制品	30288400	12.5
		2014	石油	20140518	8.31
		2014	机电产品	46024896	19
中东欧	乌克兰	2014	塑料和橡胶	3637945.5	6.69
		2014	机电产品	8717850	16.03
		2014	化工产品	6764650	12.44
		2014	金属制品	3322488	6.11
		2014	石油	15116382	27.8
东南亚	越南	2013	金属制品	15339324	11.62
		2013	纺织服装	12846646	9.73
		2013	机电产品	46055440	34.88
		2013	化工产品	11197602	8.48
		2013	石油	10174171	7.71
西亚	也门	2013	植物和蔬菜产品	2026271.13	15.27
		2013	机电产品	981579.313	7.4
		2013	食品	1171898.25	8.83
		2013	运输车辆	1126628.75	8.49
		2013	其他产品	4306629.5	32.45

资料来源：世界银行 WITS 数据库。

附表9 2013年"一带一路"沿线国家关税水平

所处地区	国家和地区	年份	简单平均约束关税税率(%)	加权平均适用关税税率(%)	加权平均最惠国税率(%)	制成品简单平均约束关税税率(%)	制成品加权平均适用关税税率(%)	制成品加权平均最惠国关税税率(%)	初级产品简单平均约束关税税率(%)	初级产品加权平均适用关税税率(%)	初级产品加权平均最惠国关税税率(%)
中亚	哈萨克斯坦	2013	**	3.8	7.46	**	4.31	7.4	**	1.96	7.69
	吉尔吉斯斯坦	2013	7.42	2.46	4.14	6.68	3.62	4.29	9.86	0.67	3.88
	塔吉克斯坦	2013	**	5.69	7.6	**	7.36	8.35	**	1.68	5.77
	土库曼斯坦	2013	**	**	**	**	**	**	**	**	**
	乌兹别克斯坦	2013	**	**	**	**	**	**	**	**	**
中东欧	阿尔巴尼亚	2013	6.86	1.17	3.69	7.05	0.74	2.95	6.22	1.87	4.88
	保加利亚	2013	4.43	1.04	2.43	4.02	1.48	3.24	5.82	0.43	1.34
	波黑	2013	**	1.54	5.68	**	1.93	7.18	**	0.96	3.21
	捷克	2013	4.43	1.04	2.43	4.02	1.48	3.24	5.82	0.43	1.34
	爱沙尼亚	2013	4.43	1.04	2.43	4.02	1.48	3.24	5.82	0.43	1.34
	克罗地亚	2013	6.08	1.3	4.34	5.67	0.39	3.93	7.39	2.84	5.04
	匈牙利	2013	4.43	1.04	2.43	4.02	1.48	3.24	5.82	0.43	1.34
	立陶宛	2013	4.43	1.04	2.43	4.02	1.48	3.24	5.82	0.43	1.34
	拉脱维亚	2013	4.43	1.04	2.43	4.02	1.48	3.24	5.82	0.43	1.34
	马其顿	2013	**	**	**	**	**	**	**	**	**
	黑山	2013	**	**	**	**	**	**	**	**	**
	波兰	2013	4.43	1.04	2.43	4.02	1.48	3.24	5.82	0.43	1.34

续表 1

所处地区	国家和地区	年份	简单平均约束关税税率(%)	加权平均适用关税税率(%)	加权平均最惠国关税税率(%)	制成品简单平均约束关税税率(%)	制成品加权平均适用关税税率(%)	制成品加权平均最惠国关税税率(%)	初级产品简单约束关税税率(%)	初级产品加权平均适用关税税率(%)	初级产品加权平均最惠国关税税率(%)
中东欧	罗马尼亚	2013	4.43	1.04	2.43	4.02	1.48	3.24	5.82	0.43	1.34
	塞尔维亚	2013	**	**	**	**	**	**	**	**	**
	斯洛伐克	2013	4.43	1.04	2.43	4.02	1.48	3.24	5.82	0.43	1.34
	斯洛文尼亚	2013	4.43	1.04	2.43	4.02	1.48	3.24	5.82	0.43	1.34
	白俄罗斯	2013	**	3	5.78	**	4.17	7.4	**	1.52	3.69
	摩尔多瓦	2013	6.81	5.67	7.48	6.34	7.03	8.57	8.29	2.76	4.96
	俄罗斯	2013	**	6.25	7.38	**	5.76	6.57	**	8.61	11.34
	乌克兰	2013	**	**	**	**	**	**	**	**	**
东北亚	中国	2013	17.49	5.03	5.03	17	4.91	4.91	18.94	5.24	5.24
	蒙古	2013	**	**	**	**	**	**	**	**	**
南亚	孟加拉国	2013	**	**	**	**	**	**	**	**	**
	不丹	2013	**	**	**	**	**	**	**	**	**
	印度	2013	**	**	**	**	**	**	**	**	**
	斯里兰卡	2013	**	**	**	**	**	**	**	**	**
	马尔代夫	2013	**	**	**	**	**	**	**	**	**
	尼泊尔	2013	26.29	14.69	15.3	24.12	15.17	15.82	32.73	13.38	13.89
	巴基斯坦	2013	**	**	**	**	**	**	**	**	**
东南亚	文莱	2013	**	**	**	**	**	**	**	**	**

续表 2

所处地区	国家和地区	年份	简单平均约束关税率(%)	加权平均适用关税税率(%)	加权平均最惠国关税税率(%)	制成品简单平均约束税率(%)	制成品加权平均适用关税税率(%)	制成品加权平均最惠国关税率(%)	初级产品简单平均约束税率(%)	初级产品加权平均适用关税率(%)	初级产品加权平均最惠国关税率(%)
东南亚	印度尼西亚	2013	37.23	2.27	4.59	35.28	2.94	6.31	43.5	1.22	1.89
	柬埔寨	2013	**	**	**	**	**	**	**	**	**
	老挝	2013	**	**	**	**	**	**	**	**	**
	缅甸	2013	**	**	**	**	**	**	**	**	**
	马来西亚	2013	**	**	**	**	**	**	**	**	**
	菲律宾	2013	**	**	**	**	**	**	**	**	**
	新加坡	2013	7.07	0	0	6	0	0	9.47	0	0
	泰国	2013	**	**	**	**	**	**	**	**	**
	东帝汶	2013	**	2.5	2.5	**	2.5	2.5	**	2.5	2.5
	越南	2013	11.66	3.54	5.37	10.75	3.35	5.23	14.47	4.07	5.79
	亚美尼亚	2013	8.46	2.21	2.94	7.58	2.76	3.19	11.47	1.76	2.92
	阿塞拜疆	2013	**	4.6	6.25	**	4.83	6.14	**	3.44	6.85
	格鲁吉亚	2013	**	**	**	**	**	**	**	**	**
西亚	阿富汗	2013	**	7.02	7.09	**	6.58	6.64	**	7.16	7.24
	阿联酋	2013	14.53	3.6	3.68	12.47	3.8	3.83	20.45	4.4	4.74
	巴林	2013	34.58	3.69	4.41	33.49	3.89	4.47	37.93	3.21	4.23
	伊朗	2013	**	**	**	**	**	**	**	**	**
	伊拉克	2013	**	**	**	**	**	**	**	**	**
	以色列	2013	**	**	**	**	**	**	**	**	**

续表 3

所处地区	国家和地区	年份	简单平均约束税关税率(%)	加权平均适用关税税率(%)	加权平均最惠国税税率(%)	制成品简单平均约束关税税率(%)	制成品加权平均适用关税税率(%)	制成品加权平均最惠国关税税率(%)	初级产品简单平均约束关税税率(%)	初级产品加权平均适用关税税率(%)	初级产品加权平均最惠国关税税率(%)
西亚	约旦	2013	**	**	**	**	**	**	**	**	**
	科威特	2013	97.62	3.92	4.02	96.78	4.1	4.2	100	3.04	3.13
	黎巴嫩	2013	**	**	**	**	**	**	**	**	**
	阿曼	2013	14.02	2.45	4.53	11.09	2.53	4.55	22.43	2.38	4.58
	巴勒斯坦	2013	**	**	**	**	**	**	**	**	**
	卡塔尔	2013	16.03	4.1	4.23	14.22	4.24	4.29	21.26	3.2	3.8
	沙特	2013	10.65	3.57	3.95	10.25	3.86	4.15	11.79	2.65	3.45
	叙利亚	2013	**	14.18	16.92	**	18.37	20.03	**	9.52	13.46
	土耳其	2013	30.09	2.78	5.21	17.15	1.22	4.32	57.58	7.78	9.07
	也门	2013	**	4.09	5.34	**	4.36	5.53	**	3.81	5.18
北非	埃及	2013	**	**	**	**	**	**	**	**	**

资料来源：世界银行 WDI 数据库。

附表10 2013年"一带一路"沿线国家服务贸易概况

所处地区	国家和地区	商务服务出口额（亿美元）	电脑、通讯及其他服务占商务服务出口比重(%)	运输服务占商务服务出口比重(%)	旅游服务占商务服务出口比重(%)	保险和金融服务出口占商务服务出口比重(%)	商务服务进口额（亿美元）	电脑、通讯及其他服务占商务服务进口比重(%)	运输服务占商务服务进口比重(%)	旅游服务占商务服务进口比重(%)	保险和金融服务进口占商务服务进口比重(%)
中亚	哈萨克斯坦	50.57	13.22	56.67	28.86	1.24	120.27	59.21	23.70	14.37	2.72
	吉尔吉斯斯坦	10.27	29.82	17.94	51.55	0.69	10.98	16.18	49.42	31.90	2.50
	塔吉克斯坦	**	**	**	**	**	**	**	**	**	**
	土库曼斯坦	**	**	**	**	**	**	**	**	**	**
	乌兹别克斯坦	**	**	**	**	**	**	**	**	**	**
中东欧	阿尔巴尼亚	23.93	22.85	15.22	61.57	0.36	21.66	8.83	18.46	68.29	4.42
	保加利亚	76.37	23.58	20.25	53.04	3.12	48.62	35.45	28.98	31.37	4.21
	波黑	17.37	41.02	19.22	39.42	0.34	5.02	23.56	43.91	26.54	5.99
	捷克	239.49	44.97	22.62	29.40	3.00	203.21	46.02	24.27	22.82	6.90
	爱沙尼亚	61.42	38.81	36.80	22.73	1.66	44.49	38.42	37.61	22.33	1.64
	克罗地亚	127.94	15.34	9.51	74.39	0.77	36.80	47.26	24.02	24.54	4.19
	匈牙利	225.04	50.75	24.26	23.83	1.17	172.15	63.86	22.93	11.07	2.13
	立陶宛	73.79	19.86	59.36	19.88	0.90	51.65	21.99	57.77	18.71	1.54
	拉脱维亚	51.42	29.71	43.46	16.83	10.00	28.08	33.85	30.89	25.46	9.80
	马其顿	15.10	57.86	24.24	17.66	0.24	10.04	46.99	35.98	13.01	4.02
	黑山	13.17	15.37	17.45	66.84	0.35	4.41	48.55	39.29	10.84	1.33
	波兰	448.99	44.58	27.88	25.16	2.38	341.19	48.06	20.96	25.41	5.57

续表 1

所处地区	国家和地区	商务服务出口额（亿美元）	电脑、通讯及其他服务占商务服务出口比重(%)	运输服务占商务服务出口比重(%)	旅游服务占商务服务出口比重(%)	保险和金融服务出口占商务服务出口比重(%)	商务服务进口额（亿美元）	电脑、通讯及其他服务占商务服务进口比重(%)	运输服务占商务服务进口比重(%)	旅游服务占商务服务进口比重(%)	保险和金融服务进口占商务服务进口比重(%)
中东欧	罗马尼亚	167.73	58.16	30.73	8.62	2.49	103.26	55.66	17.82	19.34	7.19
	塞尔维亚	45.45	51.66	23.75	23.17	1.41	40.63	41.97	27.51	27.50	3.03
	斯洛伐克	74.22	33.87	30.43	34.43	1.27	72.00	29.96	31.02	32.88	6.14
	斯洛文尼亚	70.41	32.77	26.32	38.46	2.45	46.54	54.17	21.36	19.82	4.65
	白俄罗斯	74.66	37.97	50.80	10.60	0.64	52.45	46.61	26.65	21.99	4.75
	摩尔多瓦	10.99	40.76	38.17	20.52	0.55	9.42	22.55	40.99	35.42	1.05
	俄罗斯	691.11	49.42	30.02	17.35	3.22	1257.42	39.76	13.92	42.51	3.80
	乌克兰	218.51	36.16	38.80	23.26	1.78	155.38	29.42	26.01	37.09	7.48
东北亚	中国	2138.79	54.89	17.60	24.16	3.36	3303.05	24.71	28.56	38.93	7.81
	蒙古	7.07	39.87	32.34	26.78	1.00	20.19	30.48	45.16	19.78	4.58
南亚	孟加拉国	15.34	54.58	32.43	8.32	4.67	60.78	7.15	81.99	5.71	5.14
	不丹	1.21	0.49	27.53	68.67	3.31	1.79	39.98	22.05	35.56	2.41
	印度	1481.88	70.42	11.42	12.41	5.75	1251.88	35.66	45.65	9.24	9.45
	斯里兰卡	46.57	17.46	38.30	36.84	7.40	34.32	13.07	40.27	34.62	12.04
	马尔代夫	24.97	2.16	3.83	93.40	0.61	6.48	37.08	27.09	30.56	5.27
	尼泊尔	9.68	51.70	3.01	45.05	0.24	9.71	14.07	39.41	43.47	3.04
	巴基斯坦	33.02	49.76	37.43	8.72	4.09	72.34	30.47	48.57	14.97	5.99

续表 2

所处地区	国家和地区	商务服务出口额（亿美元）	电脑、通讯及其他服务占商务服务出口比重(%)	运输服务占商务服务出口比重(%)	旅游服务占商务服务出口比重(%)	保险和金融服务占商务服务出口比重(%)	商务服务进口额（亿美元）	电脑、通讯及其他服务占商务服务进口比重(%)	运输服务占商务服务进口比重(%)	旅游服务占商务服务进口比重(%)	保险和金融服务占商务服务进口比重(%)
	文莱	**	**	**	**	**	**	**	**	**	**
	印度尼西亚	223.34	41.75	16.17	40.83	1.25	344.26	36.16	36.42	22.29	5.12
	柬埔寨	33.54	9.39	10.69	79.32	0.60	17.35	16.24	55.80	20.45	7.50
	老挝	7.61	6.02	9.19	78.30	6.48	5.23	9.98	3.35	76.17	10.49
	缅甸	22.04	47.30	10.55	42.14	0.00	14.56	25.79	57.71	7.87	8.63
东南亚	马来西亚	397.31	33.52	11.47	52.92	2.09	444.26	38.03	31.93	26.90	3.14
	菲律宾	233.21	72.08	7.02	20.11	0.80	160.58	23.04	21.29	48.78	6.89
	新加坡	1370.08	37.08	32.69	14.09	16.15	1413.92	50.26	26.72	17.10	5.92
	泰国	582.51	16.56	10.55	71.72	1.16	545.98	30.12	52.00	11.86	6.02
	东帝汶	0.49	37.32	1.42	59.32	1.94	3.31	59.83	22.94	12.19	5.04
	越南	105.00	**	**	**	**	119.00	**	**	**	**
	亚美尼亚	10.71	38.55	16.02	42.78	2.66	11.83	11.93	39.90	42.46	5.71
	阿塞拜疆	41.06	22.07	19.87	57.59	0.48	81.76	50.72	12.02	35.19	2.07
西亚	格鲁吉亚	28.85	6.03	33.42	59.61	0.94	14.80	10.97	60.05	19.86	9.12
	阿富汗	28.95	87.05	6.31	1.94	4.71	20.64	47.79	42.48	4.56	5.18
	阿联酋	**	**	**	**	**	**	**	**	**	**
	巴林	33.02	31.30	21.19	35.30	12.21	15.60	7.24	43.36	45.71	3.68

续表3

所处地区	国家和地区	商务服务出口额(亿美元)	电脑、通讯及其他服务占商务服务出口比重(%)	运输服务占商务服务出口比重(%)	旅游服务占商务服务出口比重(%)	保险和金融服务出口占商务服务出口比重(%)	商务服务进口额(亿美元)	电脑、通讯及其他服务占商务服务进口比重(%)	运输服务占商务服务进口比重(%)	旅游服务占商务服务进口比重(%)	保险和金融服务进口占商务服务进口比重(%)
西亚	伊朗	**	**	**	**	**	**	**	**	**	**
	伊拉克	**	**	**	**	**	**	**	**	**	**
	以色列	337.12	69.86	13.25	16.81	0.09	199.52	46.23	31.55	19.85	2.37
	约旦	60.26	8.42	23.27	68.31	**	44.63	6.75	59.24	24.25	9.76
	科威特	52.78	63.69	23.10	5.63	7.57	204.88	9.62	25.29	56.39	8.70
	黎巴嫩	144.43	40.16	7.59	40.57	11.69	129.97	39.41	18.22	33.31	9.07
	阿曼	28.81	15.24	40.75	42.39	1.62	100.08	33.58	43.78	13.86	8.78
	巴勒斯坦	5.57	25.37	3.01	71.60	0.01	10.11	24.30	12.99	60.66	2.05
	卡塔尔	102.94	4.66	54.45	33.57	7.32	248.44	26.35	41.24	26.63	5.78
	沙特	113.08	3.42	23.57	67.66	5.35	517.47	22.28	37.20	34.13	6.39
	叙利亚	**	**	**	**	**	**	**	**	**	**
	土耳其	463.41	7.31	28.43	60.42	3.84	226.09	21.55	43.65	21.31	13.50
	也门	15.51	24.48	14.93	60.59	**	22.08	24.80	59.07	3.89	12.24
北非	埃及	**	**	**	**	**	**	**	**	**	**

资料来源：世界银行 WDI 数据库。

附表11 2013年"一带一路"沿线国家旅游概况

所处地区	国家和地区	旅游入境人数	旅游离境人数	旅游收入（亿美元）	旅游收入占总出口的比重（%）	旅游支出（亿美元）	旅游支出占总进口的比重(%)
中亚	哈萨克斯坦	4926000	10144000	17.17	1.94	20.33	3.29
	吉尔吉斯斯坦	3076000	1401000	5.85	18.93	5.05	7.51
	塔吉克斯坦	208000	15000	0.57	4.87	0.14	0.26
	土库曼斯坦	**	**	**	**	**	**
	乌兹别克斯坦	1969000	**	**	**	**	**
	阿尔巴尼亚	2857000	3928000	16.70	43.44	15.67	25.46
	保加利亚	6898000	3930000	46.32	12.46	17.55	4.68
	波黑	529000	**	7.54	12.35	1.57	1.59
	捷克	9004000	5304000	78.02	4.85	46.55	3.13
	爱沙尼亚	2868000	1166000	17.91	8.36	11.70	5.55
	克罗地亚	10955000	2927000	97.21	39.09	9.22	3.82
	匈牙利	10675000	15997000	65.72	5.54	25.22	2.32
	立陶宛	2012000	1764000	15.95	4.08	11.49	2.99
	拉脱维亚	1536000	**	11.91	6.54	9.00	4.68
	马其顿	400000	**	2.70	5.77	1.68	2.52
	黑山	1324000	**	9.29	50.42	0.81	2.95
	波兰	15800000	10050000	124.76	5.14	94.14	4.07
	罗马尼亚	8019000	11364000	19.03	2.50	21.13	2.74
	塞尔维亚	922000	**	12.21	6.58	12.90	5.45
	斯洛伐克	**	2129000	26.34	2.87	26.00	2.99
	斯洛文尼亚	2259000	2612000	29.76	8.30	10.75	3.31
	白俄罗斯	137000	708000	11.55	2.62	13.33	2.87
	摩尔多瓦	11500	157000	3.18	10.47	4.34	7.23
	俄罗斯	30792000	54069000	201.98	3.40	595.04	12.67
	乌克兰	24671000	23761000	59.46	7.28	63.00	6.47
东北亚	中国	55686000	98185000	564.01	2.39	1382.98	6.50
	蒙古	418000	**	2.28	4.58	4.58	6.02
南亚	孟加拉国	148000	**	1.30	0.41	12.97	3.12
	不丹	116000	**	1.18	17.67	0.67	5.91
	印度	6968000	16626000	190.42	4.07	138.40	2.47
	斯里兰卡	1275000	1262000	25.06	16.62	18.08	8.41
	马尔代夫	1125000	**	23.33	79.63	2.46	10.28
	尼泊尔	798000	983000	4.57	20.89	5.94	7.89

续表

所处地区	国家和地区	旅游入境人数	旅游离境人数	旅游收入（亿美元）	旅游收入占总出口的比重（%）	旅游支出（亿美元）	旅游支出占总进口的比重(%)
南亚	巴基斯坦	**	**	9.29	3.09	16.18	3.29
东南亚	文莱	225000	**	**	**	**	**
	印度尼西亚	8802000	7973000	103.02	5.02	102.80	4.87
	柬埔寨	4210000	872000	28.95	28.90	4.69	4.17
	老挝	2510000	**	6.13	20.13	4.01	11.28
	缅甸	2044000	**	9.34	8.27	1.31	1.20
	马来西亚	25715000	**	210.26	8.12	119.50	5.17
	菲律宾	4681000	**	56.00	8.25	84.00	10.70
	新加坡	11899000	8647000	190.57	3.29	245.78	4.83
	泰国	26547000	5970000	460.42	16.21	83.85	3.06
	东帝汶	**	**	0.29	33.01	0.57	4.73
	越南	7572000	**	75.30	5.28	20.50	1.52
西亚	亚美尼亚	1084000	1083000	4.75	15.05	5.79	10.79
	阿塞拜疆	2130000	4285000	26.18	7.29	30.32	15.55
	格鲁吉亚	5392000	3220000	19.16	26.71	5.37	5.80
	阿富汗	**	**	0.89	2.49	1.00	0.89
	阿联酋	**	**	115.64		176.99	
	巴林	9163000	**	18.65	7.70	8.73	5.74
	伊朗	4769000	**	**	**	**	**
	伊拉克	892000	**	**	**	**	**
	以色列	2962000	4757000	64.52	6.64	51.76	5.63
	约旦	3945000	1498000	51.45	36.06	11.92	4.98
	科威特	**	**	6.01	0.49	124.68	26.77
	黎巴嫩	1274000	**	63.73	33.56	46.17	14.12
	阿曼	1551000	3153000	19.13	3.23	23.90	5.71
	巴勒斯坦	545000	**	3.99	17.35	6.17	8.45
	卡塔尔	2611000	**	84.52	5.71	117.29	19.90
	沙特	13380000	19154000	86.90	2.24	186.48	8.11
	叙利亚	**	**	**	**	**	**
	土耳其	37795000	7526000	348.63	16.69	52.68	1.98
	也门	990000	**	9.40	9.83	1.61	1.24
北非	埃及	9174000	5782000	72.53	16.19	34.66	5.31

资料来源：世界银行 WDI 数据库。

附表12　2014年"一带一路"沿线国家跨境资本流动概况

所属地区	国家和地区	资本流入流量(亿美元)	资本流出流量(亿美元)	资本流入存量(亿美元)	资本流出存量(亿美元)
中亚	哈萨克斯坦	95.62	36.24	1292.44	272.00
	吉尔吉斯斯坦	2.11	0.00	35.20	4.27
	塔吉克斯坦	2.63	**	18.87	**
	土库曼斯坦	31.64	**	262.03	**
	乌兹别克斯坦	7.51	**	90.02	**
中东欧	阿尔巴尼亚	10.93	0.30	44.66	2.39
	保加利亚	17.10	2.15	465.39	21.95
	波黑	5.64	0.02	73.83	2.08
	捷克	59.09	−5.29	1215.30	190.41
	爱沙尼亚	9.83	2.36	192.98	63.19
	克罗地亚	34.51	18.86	297.61	54.44
	匈牙利	40.39	33.81	983.60	396.41
	立陶宛	2.17	−0.36	146.91	26.83
	拉脱维亚	4.74	1.37	145.67	11.70
	马其顿	3.48	−0.21	51.40	1.12
	黑山	4.97	0.27	49.83	4.22
	波兰	138.83	52.04	2451.61	652.17
	罗马尼亚	32.34	−0.77	747.32	6.96
	塞尔维亚	19.96	3.56	295.64	28.19
	斯洛伐克	4.79	−1.23	532.16	29.75
	斯洛文尼亚	15.64	−0.09	127.43	61.93
	白俄罗斯	17.98	−0.01	177.30	5.88
	摩尔多瓦	2.07	0.41	36.47	1.78
	俄罗斯	209.58	564.38	3785.43	4318.65
	乌克兰	4.10	1.11	638.25	97.05
东北亚	中国	1285.00	1160.00	10852.93	7295.85
	蒙古国	5.08	1.03	166.93	3.55
南亚	孟加拉国	15.27	0.48	93.55	1.30
	不丹	0.06	**	1.12	**
	印度	344.17	98.48	2523.31	1295.78
	斯里兰卡	9.44	0.67	105.11	6.07
	马尔代夫	3.63	**	24.90	**
	尼泊尔	0.30	**	5.41	**
	巴基斯坦	17.47	1.16	308.92	16.95

续表

所属地区	国家和地区	资本流入流量（亿美元）	资本流出流量（亿美元）	资本流入存量（亿美元）	资本流出存量（亿美元）
东南亚	文莱	5.68	0.00	62.19	1.34
	印度尼西亚	225.80	70.77	2530.82	240.52
	柬埔寨	17.30	0.32	130.35	4.84
	老挝	7.21	0.02	36.30	−0.29
	缅甸	9.46	**	176.52	**
	马来西亚	107.99	164.45	1337.67	1356.85
	菲律宾	62.01	69.90	570.93	356.03
	新加坡	675.23	406.60	9123.55	5763.96
	泰国	125.66	76.92	1993.11	657.69
	东帝汶	0.34	0.13	3.16	0.86
	越南	92.00	11.50	909.91	74.90
西亚	亚美尼亚	3.83	0.18	58.31	2.06
	阿塞拜疆	44.30	22.09	181.80	112.14
	格鲁吉亚	12.79	2.02	122.41	15.14
	阿富汗	0.54	0.00	16.92	**
	阿联酋	100.66	30.72	1155.61	662.98
	巴林	9.57	−0.80	187.71	106.72
	伊朗	21.05	6.05	430.47	40.96
	伊拉克	47.82	2.42	231.61	19.56
	以色列	64.32	39.75	986.97	780.16
	约旦	17.60	0.83	287.34	6.08
	科威特	4.86	131.08	153.62	365.31
	黎巴嫩	30.70	18.93	568.34	126.29
	阿曼	11.80	11.64	197.07	74.53
	巴勒斯坦	1.24	−0.32	24.53	1.67
	卡塔尔	10.40	67.48	310.04	351.82
	沙特	80.12	53.96	2159.09	446.99
	叙利亚	0.00	0.00	107.43	4.21
	土耳其	121.46	66.58	1686.45	400.88
	也门	−5.78	0.73	30.97	8.06
北非	埃及	47.83	2.53	878.82	68.39

资料来源：《2015年世界投资报告》附表。